Band 0409

Mineralien
und Steine
Farben · Formen · Fundorte

von Rudolf Graubner

FALKEN-VERLAG · NIEDERNHAUSEN/TAUNUS

Der Leiter der naturwissenschaftlichen Abteilung des Landesmuseums Wiesbaden, Dr. Rolf Mentzel, hat für dieses Buch freundlicherweise 70 Mineralien aus seiner reichhaltigen Sammlung zur Verfügung gestellt. Die restlichen Mineralien stammen aus der Sammlung des Autors.

ISBN 3 8068 0409 5
© 1977 by Falken-Verlag Erich Sicker KG, 6272 Niedernhausen/Ts.
Alle Rechte vorbehalten
Fotos: Studio A. Ruske, Taunusstein
Gesamtherstellung: H. G. Gachet & Co., 6070 Langen bei Frankfurt

8 7 6 5 4 3 2 1

Inhalt

Vorwort

Auf meinen Wegen zu Mineralfundstätten begegnen mir nicht selten Wanderer oder Spaziergänger mit einem Hämmerchen in der Hand, das sie als Gelegenheitssammler in Sachen Mineralien ausweist. Diesen Freunden schöner Funde ein kleines Nachschlagewerk in die Hand zu geben, ist der Sinn dieses Buches.

Da der Laie nicht unbedingt gewillt ist, tief in die Materie einzusteigen, sondern meist sein fachbezogenes Wissen nur soweit erweitern möchte, wie es der gelegentliche Fund erfordert, werden in diesem Buch nur Mineralien beschrieben, die in Europa häufig vorkommen. Auch solche Arten fehlen nicht, die üblicherweise im Handel erhältlich sind und sich als Importware aus Übersee großer Beliebtheit erfreuen.

Wer auf die Suche nach Mineralien geht, sollte sich auch ein wenig mit der Theorie befassen. Sie wurde in diesem Buch auf das notwendige Maß beschränkt und – soweit dies möglich ist – allgemeinverständlich dargelegt, selbst auf die Gefahr hin, daß der Experte beim Lesen gelegentlich einmal die Nase rümpft, ist er doch allzugern bereit, sein Wissen umfassender mitzuteilen.

Wer sich weitergehendes Wissen aneignen möchte, zum Beispiel über Mineralien, die in diesem Buch nicht beschrieben sind, dem steht ein reichhaltiges Angebot ausgezeichneter Literatur zur Verfügung.

Dieses Buch sucht nicht den Standplatz im Bücherregal. Es ist vielmehr dazu bestimmt, seinen Besitzer auf den gelegentlichen Unternehmungen zu begleiten und als Informant auf der Suche nach Mineralien zu dienen.

In diesem Sinne wünscht der Verfasser viel Erfolg!

Praktische Hinweise
über das Auffinden von Mineralien

Steine gibt es wie Sand am Meer, Edelsteine jedoch lassen sich nicht wie Blumen am Wegesrand pflücken, sie erhalten erst durch Auswahl und Schliff ihren besonderen Wert. Dennoch sollte man den Fund einer schönen Kristallgruppe nicht als geringwertig abtun, denn eine schöne Mineralstufe ist ein begehrtes Sammelobjekt, ganz abgesehen von der Freude, die ein solcher Fund auslöst. Hinter Glas ausgestellt, offen oder auch als Beiwerk eines Blumenarrangements erfreut sich das Auge an der Schönheit von Form, Glanz und Farbe des Minerals.

Mineralien findet man vielerorts, auch auf Spaziergängen und Wanderungen. Der Sammler und Kundige wird jedoch gezielt Abbaustätten aufsuchen. Unvorbereitet, also ohne theoretische Kenntnisse schürfen, heißt sehr oft umsonst den Schweiß harter Arbeit vergießen.

Im Geröll von Flüssen und Muren findet man die verschiedensten Mineralien – bunte, rundgeschliffene Steine. Doch fehlt ihnen ein wichtiges Merkmal, das zum Bestimmen der Art nötig ist: die Kristallform.

In Hohlräumen und Gesteinsklüften kommen dagegen reine Kristallformen vor. Man findet sie am ehesten in Abbaustätten im bereits losgelösten Gestein.

Bergwerkshalden oder Steinbrüche kann man unter Beachtung der erforderlichen Vorsichtsmaßregeln aufsuchen, oder an Straßenbaustellen, die an gewachsenem Fels gelegen sind, nach Kristallgruppen Ausschau halten. Der Besuch aufgelassener Bergwerksstollen im Gefolge ortskundiger Führer kann ebenfalls erfolgreich verlaufen.

Unsinnig ist es jedoch, bei jeder sich bietenden Gelegenheit Hand an offene Felspartien zu legen, denn – von der Verschandelung einer Naturlandschaft abgesehen – müßte schon ein äußerst glücklicher Zufall den Fund ermöglichen. Gesteinsproben lassen sich leichter besorgen. Erkennt man jedoch beispielsweise an einem Felsen einen Spalt in einem Quarzgang, so können sich möglicherweise weitere Nachforschungen lohnen.

Bei Mineralien mit guter Spaltbarkeit ist es nicht unbedingt erforderlich, natürliche Kristallformen aufzuspüren, denn auch Spaltstücke weisen unter Umständen klare, geometrische Formen, glänzende Flächen und zum Teil satte Farben auf. Besonders hervorzuheben ist hierbei Calcit, der sich immer in Rhomboedern spaltet, in der Regel glänzende Spaltflächen aufweist und in vielen Farbschattierungen vorkommt. Ähnlich schöne Spaltstücke kann man, wenn auch weit seltener, von Fluorit erhalten. In der detaillierten Beschreibung der Mineralien wird darauf im einzelnen noch Bezug genommen, ebenso auf mögliche Fundstätten.

Bei der Erörterung von Fundstellen soll auch nicht unerwähnt bleiben, daß in Schottersteinen hier und da Mineraleinschlüsse zu sehen sind.

Noch eines sollten wir beherzigen: Wehren wir unseren Kindern beim Gedanken an das Unterbringen der Steine zu Hause nicht die Sammelleidenschaft. Besser ist es, ihr Interesse in Bahnen zu lenken, die sich mehr nach Auslese als nach mengenmäßiger Ausbeute orientieren. Vergällen wir ihnen nicht die Freude am Fundobjekt, aber hindern wir sie am Betreten von Fundstätten, bei denen Gefahr droht – und das sind alle Steinbrüche, Halden und Baustellen.

Was bei der Suche zu berücksichtigen ist

Wer einen Steinbruch oder eine andere Abbaustelle betreten will, findet meist am Zugang ein Schild, das den Zutritt verbietet. Dieses Schild wurde nicht nur zur Abgrenzung des Eigentums als vielmehr zur Vermeidung von Haftungsansprüchen errichtet. Dem unkundigen Besucher drohen hier nämlich vielerlei Gefahren.

Zu festgelegten Zeiten werden an diesem Ort möglicherweise Sprengungen durchgeführt. Dabei ist die Verletzungsgefahr am größten, aber auch im Nachhinein und zu anderer Zeit sind durch Steinschlag Verletzungen nicht ausgeschlossen. Keinesfalls versuche man, den ordentlichen Zugang zu umgehen, um an anderer Stelle das Gelände zu betreten, denn oft droht der Absturz in die Tiefe, selbst wenn man sich noch einige Meter vom Rande eines Steilhanges entfernt bewegt. Das darunterliegende Gestein kann durch Sprengungen brüchig sein, auch ein Überhang ist nicht auszuschließen. Es ist also dringend anzuraten, vor dem Betreten des Geländes mit einer verantwortlichen Person zu sprechen. Dem Mineraliensucher wird, wenn nicht besondere Gründe vorliegen, in der Regel das Betreten gestattet. Zwar geschieht das dann auch noch in eigener Verantwortlichkeit, aber auf Gefahrenstellen wird man ihn vorsorglich aufmerksam machen.

Nässe und Wind bewegen oft gelöstes Gestein, eine Bewegung, die sich lawinenähnlich fortsetzen kann. Deshalb meide man frische Abbruchstellen und die unmittelbare Umgebung von Steilhängen und Felswänden. Meist ist am Grunde des Bruches soviel Gesteinsmaterial angesammelt, daß in sicherer Entfernung von den Gefahrenstellen Suche und Ausbeute möglich sind.

Beim Betreten von Abraumhalden sollte man daran denken, daß aufgeschüttetes Material leicht abrutschen kann. Sofern es nicht regnet und stürmt, ist am gewachsenen Fels weniger mit Steinschlag zu rechnen. Man sollte sich vor dem Lösen von Gestein jedoch davon überzeugen, daß sich unterhalb des eigenen Standortes keine Leute aufhalten.

Beim Losschlagen von Gestein sind besonders Kopf und Augen gefährdet. Metallwerkzeuge können sich beim Behauen von Steinen deformieren, so daß gelegentlich Metallsplitter abspringen, die mit der Wucht des Schlages als Geschosse durch die Luft fliegen. Wer im Steinbruch nach Mineralien sucht, sollte sich unbedingt des Schutzes bedienen, der im gewerblichen Bereich vorgeschrieben ist: Schutzhelm und Schutzbrille!

Hat der Mineraliensucher entsprechend vorgesorgt und sich außerdem noch Handschuhe angezogen, so ist die Verletzungsgefahr erheblich gemindert, sofern er nicht unmittelbar beim Zuschlagen die Oberfläche des zu bearbeitenden Materials mit dem Daumen prüfen will.

In Abbaustätten lassen sich ohne große Anstrengung Gesteinsproben und Mineralien entnehmen, da das Loslösen und Freilegen bereits andere besorgt haben. Mit wenigen Blicken ist oft festzustellen, ob man an einer bestimmten Stelle fündig werden kann. Um abzugrenzen, wo sich möglicherweise ein Besuch lohnt und was dort zu finden ist, kann man sich an folgende Regeln halten:

Abraumhalden von Erzbergwerken:
> Metallische Mineralien, Quarzkristalle, Fluorit und Calcit.

Abraumhalden von Steinsalzbergwerken:
> Steinsalzkristalle und andere Halide, Gips sowie vereinzelt Schwefel.

Basaltbruch:
> Je nach Dichte Basaltstücke mit verschiedenen Mineraleinschlüssen. In Mandelsteinen Geoden mit Achat, Quarzkristallen und vereinzelt Amethyst, dazu Calcit, Zeolith und andere Mineralien.

Kalkbruch:
> Calcitkristalle, Coelestin, Schwerspat und andere Mineralien. In sedimentären Ruhezonen auch Versteinerungen.

Tonschieferbruch:
> Pyrit, Quarz, vereinzelt Versteinerungen und andere Mineralien.

Granitbruch:
> Nur in besonders grobkörnigen Partien Mineralanhäufungen und schöne Mineralstufen.

Weniger ergiebig sind Sandsteinbrüche.

Kiesgruben weisen unter Umständen einen reichhaltigen Mineralbestand auf, doch sind dort natürliche Kristallformen nicht zu finden.

Was man zum Lösen, Erkennen und Herrichten der Fundstücke braucht

Mineralien sind in der Regel in Muttergestein eingebettet, deshalb braucht man zum Lösen Hammer und Meißel. Am geeignetsten sind hierfür ein Geologenhammer sowie besonders gehärtete Flach- und Spitzmeißel, die man vom Werkzeughandel beziehen kann. Zum groben Reinigen der Fundstücke benötigt man eine Bürste und für empfindlichere Stücke einen Staubpinsel. Für den Transport ist Verpackungsmaterial erforderlich. Weniger empfindliche Mineralien lassen sich in Zeitungspapier einschlagen, für leicht zerbrechliche Kristalle sollte man weiches Material wie Zellstoff oder Watte zur Verfügung haben. Zum Transport eignen sich Tragetaschen, für kurze Wegstrecken genügt auch ein Karton. Ein Schreibutensil sollte ebenfalls stets zur Hand sein, um die Fundstücke und ihren Fundort kennzeichnen zu können.

Zum Bestimmen der optischen Eigenart ist zunächst eine Lupe erforderlich, denn nicht selten sind die Kristallformen mit dem bloßen Auge nicht zu unterscheiden. Aggregate – das sind Mineralanhäufungen – weisen dazu meist keine ideale Kristallform auf. Bewährt hat sich eine klappbare Lupe mit zwei verschiedenen Vergrößerungsgraden.

Zum Bestimmen der Härte des Minerals besitzen gut ausgestattete Mineralogen eine Härteskala mit den Härtegraden 4 bis 9 nach Mohs. Damit läßt sich durch Ritzen die jeweilige Härte ziemlich genau bestimmen. Zur groben Unterscheidung können Fingernagel, Kupfermünze, Glasscherbe und Stahlklinge dienen. Hat man erst eine Reihe von verschieden harten Mineralien zu Hause, läßt sich die Härte auch durch gegenseitiges Anritzen feststellen.

Weitere Geräte wie Polarisationsmikroskop, ultraviolette Lampe, Laborgeräte zur chemischen Analyse, Lötflamme oder Waage mit zugehörigem Meßbehälter sind für den Hobbyisten mit zu großem Aufwand verbunden und deshalb nicht näher beschrieben.

Eine Anschaffung, die wenig kostet und ein sicheres Erkennen ermöglicht, ist verdünnte Salzsäure – es genügt schon eine zehnprozentige Lösung. Betropft man damit ein Fundstück und stellt beispielsweise ein Aufschäumen fest, so handelt es sich mit Sicherheit um ein Karbonat, wie etwa Calcit.

Eine gründliche Reinigung ist zum Erkennen der Mineralien unbedingt erforderlich. Das läßt sich bei harten Mineralien mit Wasser und Bürste bewerkstelligen, sofern es sich – das sei hier besonders hervorgehoben – nicht um Schwefelverbindungen oder Halide handelt, die gegen Anwendung von Wasser sehr empfindlich sind. Leicht brüchige Mineralien behandelt man mit Rasierpinsel und Seifenschaum.

Wasserempfindliche oder wasserlösliche Mineralien reinigt man möglichst trocken mit Bürste oder Staubpinsel. Bei hartnäckigem Belag kann man gegebenenfalls mit etwas Spiritus nachhelfen. Pyrit oder ähnliche Mineralien kann man auch mit Wasser und Seife reinigen, wenn man sie gleich nach der Säuberung mit dem Föhn trocknet. Wichtig ist hierbei, daß keinerlei Feuchtigkeit zurückbleibt.

Nicht jeder Belag auf Kristallflächen ist als Schmutz im geläufigen Sinne zu bezeichnen, oft handelt es sich um Ablagerungen anderer Mineralien. So sind Bergkristall und Adular von alpinen Fundstätten vielfach mit Chloritstaub überzogen. Limonit- oder Hämatitüberzüge auf Quarzkristallflächen sind häufig und – da es sich hierbei um Eisenverbindungen handelt – sehr schlecht zu entfernen.

Keinesfalls reinige man Mineralien mit Säuren. Abgesehen von möglichen Schäden an Haut und Kleidung kann es auch vorkommen, daß selbst säurefeste Mineralien ihren Glanz verlieren.

Nach erfolgter Reinigung empfiehlt es sich, auf dem Mineral an verdeckter Stelle den Fundort zu vermerken, eventuell auch mittels Zahlencode und getrennt geführtem Register. Spätere Verwechslungen sind so ausgeschlossen.

Erkennen und Bestimmen von Mineralien

Jedes Mineral weist eine ihm eigene Besonderheit auf. So unterscheidet man nach Form, Härte, spezifischem Gewicht, Spaltbarkeit, Bruchverhalten, Farbe, Transparenz, Glanz und chemischer Zusammensetzung. Alle zur Bestimmung der Mineralien erforderlichen Kriterien in ihrer Vielfalt darzulegen, würde den Rahmen dieses Buches sprengen und den Gelegenheitssammler eher verwirren. Die wichtigsten Erkennungsmerkmale jedoch sollen der Vollständigkeit halber kurz umrissen werden.

Kristallsysteme

Alle Mineralien kristallisieren in einer bestimmten Systematik (siehe Abbildung ,,Kristallsysteme – Darstellung in einfachen geometrischen Formen''). Trotz verschiedener Form ist ein Mineral der jeweiligen Struktur entsprechend kubisch, tetragonal, rhombisch, monoklin, triklin, trigonal oder hexagonal ausgebildet. Der Laie wird jedoch selten eine Unterscheidung nach diesem System vornehmen können, da Kristalle in Aggregaten meist nur unvollständig zu erkennen sind und Einzelkristalle oft von der Idealform abweichen. Wer jedoch gewohnt ist, in geometrischen Formen zu sehen, wird möglicherweise ein Mineral auf Anhieb einordnen können. In der Beschreibung der einzelnen Arten ist deshalb auch auf das Kristallsystem Bezug genommen.

Form, Aussehen

Ein Mineral kann verschiedene Formen aufweisen, obwohl es nach dem Kristallsystem immer die gleiche Struktur besitzt. Dennoch ist es oft leichter, das Mineral nach der Form zu bestimmen. In der Beschreibung der einzelnen Minerale werden die häufigsten Formen erwähnt. Die Begriffe blättrig, tafelig, säulig, stengelig, prismatisch oder pyramidenähnlich sind leicht zu verstehen. Es ist jedoch zu beachten, daß sie sich jeweils auf einen vollständigen Kristall beziehen. Bei den spaltbaren Mineralien wird auf häufige Spaltformen eingegangen.

Härte

Ein sicheres Unterscheidungsmerkmal stellt die Härte eines Minerals dar. Nach Mohs unterscheidet man zehn Härtestufen. Mit Härte 1 bezeichnet man das weichste aller vorkommenden Mineralien – Graphit, mit 10 das härteste – Diamant. Die Härte wird durch Ritzen der Materialprobe festgestellt. Zu diesem Zwecke kann man sich der im Fachhandel erhältlichen Härtestifte bedienen. Läßt sich beispielsweise eine Mineralprobe mit einem Stift von Härte 7 ritzen, was mit Härte 6 nicht mehr möglich ist, so ist die Bestimmungshärte zwischen 6 und 7 einzustufen.

Es versteht sich von selbst, daß man die Härteprüfung nicht an der schönsten Kristallfläche vornimmt, sondern dafür eine möglichst unauffällige Stelle wählt. Möglicherweise hat man auch ein Bruchstück des gleichen Minerals zur Hand.

Zum Zweck der groben Unterscheidung kann man sich auch einfacherer Hilfsmittel bedienen:

Mineralien von Härtegrad 1 und 2 lassen sich mit dem Fingernagel ritzen. Eine Kupfermünze ritzt bis zu Härtegrad 3, die Stahlklinge eines Taschenmessers bis Härtegrad 5. Ein Stück Fensterglas wird von Mineralien mit Härte 6 und darüber geritzt. Eine gute Feile kann sogar noch Quarz (7) angreifen. Härtere Mineralien lassen sich nicht mehr auf diese einfache Weise bestimmen.

Dichte

Mit der Dichte bezeichnet man das spezifische Gewicht eines Minerals. Das ist der Faktor, um den das Mineral schwerer ist als die volumengleiche Menge Wasser bei 4 Grad Celsius. Zum Bestimmen der Dichte braucht man ein Gefäß mit genauer Maßeinteilung und eine Schalen- oder Briefwaage. Zunächst wird die Gesteinsprobe gewogen. Dann wird das Probestück in das Gefäß gelegt und Wasser bis zu einer der oberen Strichmarkierungen aufgefüllt. Entnimmt man nun die Materialprobe der Flüssigkeit, so zeigt die Differenz des Flüssigkeitsstandes auf der Meßskala das Volumen des verdrängten Wassers an. Teilt man das Gewicht in Gramm durch das Volumen in Kubikzentimeter, so erhält man das spezifische Gewicht des Minerals. Voraussetzung ist, daß der Probe kein Fremdmaterial beigemischt ist. Das Verfahren ist im übrigen nur so genau, wie es die Meßgeräte anzuzeigen vermögen.

Spaltbarkeit

Spaltbare Mineralien lassen sich durch Schlag oder Druck in kleinere Stücke mit glatten Spaltflächen zerteilen. Nicht spaltbar sind Kristalle oder Aggregate, die bei der gleichen Behandlung in unregelmäßig geformte Stücke mit rauher Oberfläche zerspringen. Je nach Beschaffenheit der Spaltflächen spricht man von vollkommener, sehr guter, guter, deutlicher und undeutlicher Spaltbarkeit.

Einige Mineralien spalten sich immer in gleiche Formen: Calcit in Rhomboeder, Fluorit in Oktaeder, Steinsalz in Würfel, um nur einige Beispiele zu nennen. Auf diese Besonderheit wird in der Beschreibung der einzelnen Minerale jeweils hingewiesen.

Bruch

Auch der Bruch eines nicht oder nicht vollkommen spaltbaren Minerals kann als Erkennungsmerkmal dienen. Nach der Art der Bruchfläche unterscheidet man muscheligen oder unebenen Bruch, die Art des Bruchverhaltens bezeichnet man als spröde, splittrig und dergleichen.

Farbe und Transparenz

Weit weniger sicher als vermutet ist der Bestimmungsfaktor Farbe. Zwar herrschen jeweils bestimmte Farben vor, nach denen man sich grob orientieren kann, doch Beimischungen, Verunreinigungen, Überzüge und Einschlüsse bewirken gelegentlich Farbabweichungen, ja sogar grundverschiedene Farbtöne.

Ähnlich ist es mit der Transparenz. So kann ein trüber Kristall, in dünne Plättchen geschnitten, durchsichtig sein, andererseits ein als durchsichtig bezeichnetes Mineral durch Einschlüsse anderer Mineralien undurchsichtig werden.

Man beschreibt den Grad der Transparenz mit durchsichtig – durchscheinend – undurchsichtig. Alle metallisch glänzenden Mineralien sind beispielsweise undurchsichtig.

Glanz

Die Art des Glanzes von Kristallflächen ist in der Regel ein weiteres Unterscheidungsmerkmal. Metallglänzend sind beispielsweise alle undurchsichtigen Erzminerale.

Im übrigen unterscheidet man, vom stärksten Glanz ausgehend: Diamantglanz – Glasglanz – Harzglanz – Fettglanz – matt. Mit Seidenglanz wird eine durch den Aufbau eines Aggregats bedingte Eigenart bezeichnet (beispielsweise Asbest). Minerale, die aus dünnsten, durchsichtigen Schichten bestehen, weisen gelegentlich Perlmuttglanz auf.

Strich

Aufschlußreich, vor allem beim Bestimmen von farbigen und undurchsichtigen Mineralien, ist auch die Farbe des Striches, den eine Probe auf einem unglasierten Porzellantäfelchen – der Strichplatte – hinterläßt. Während ein Mineral in verschiedenen Farbtönungen vorkommen kann, bleibt die Strichfarbe stets gleich. Bei den metallischen Mineralien weisen Eigen- und Strichfarbe oft erhebliche Unterschiede auf. Dieser Testvorgang erübrigt sich jedoch bei allen Materialien, die härter als Porzellan sind (Härtegrad 6 bis 6,5).

Chemische Zusammensetzung

Dem jeweiligen Namen ist in der Beschreibung der Minerale die chemische Formel zugeordnet. Zwar dürfte für den Laien – sieht man von der Bestimmung eines Karbonats durch Reaktion mit verdünnter Salzsäure ab – die chemische Analyse eines Minerals kaum in Frage kommen. Mit der Formelangabe soll der Leser in die Lage versetzt werden, seine Fundstücke entsprechend einzuordnen. Zur Erläuterung sind die chemischen Bausteine, soweit sie vorkommen, nachfolgend aufgeführt:

Chemische Bezeichnungen

Ag	Silber	Mg	Magnesium
Al	Aluminium	Mn	Mangan
As	Arsen	Mo	Molybdän
Au	Gold	N	Stickstoff
B	Bor	Na	Natrium
Ba	Barium	Ni	Nickel
Be	Beryllium	O	Sauerstoff
Bi	Wismut	P	Phosphor
C	Kohlenstoff	Pb	Blei
Ca	Kalzium	S	Schwefel
Cl	Chlor	Sb	Antimon
Cr	Chrom	Si	Silizium
Cu	Kupfer	Sn	Zinn
F	Fluor	Sr	Strontium
Fe	Eisen	Ti	Titan
H	Wasserstoff	V	Vanadium
Hg	Quecksilber	W	Wolfram
K	Kalium	Zn	Zink
Li	Lithium	Zr	Zirkonium

Kristallsysteme –
Darstellung in einfachen geometrischen Formen

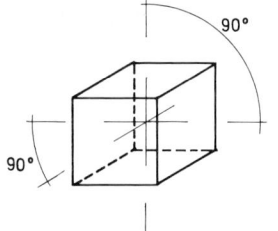

kubisch

Drei aufeinander rechtwinkelig stehende, gleichlange Achsen.

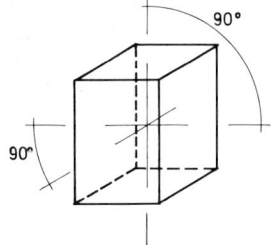

tetragonal

Drei aufeinander rechtwinkelig stehende Achsen. Eine Achse hat eine andere Länge als die beiden übrigen, gleichlangen Achsen.

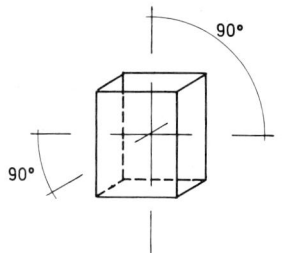

rhombisch

Drei rechtwinkelig aufeinander stehende Achsen von verschiedener Länge.

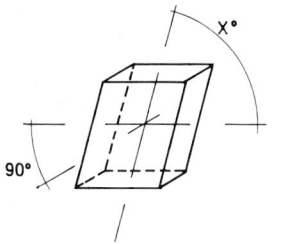

monoklin

Drei verschieden lange Achsen, eine davon weicht vom rechten Winkel ab.

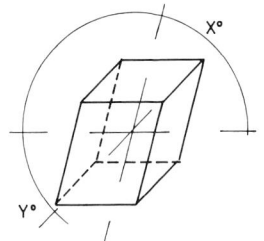

triklin

Drei verschieden lange, in verschiedenen Winkeln aufeinanderstehende Achsen.

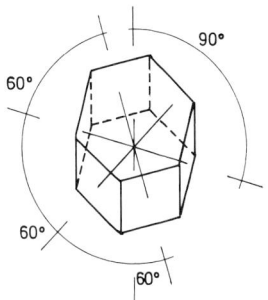

hexagonal und trigonal

Drei gleichlange Achsen treffen sich im Schwerpunkt in einem Winkel von 60°. Auf diesem Achsenkreuz steht im rechten Winkel eine vierte Achse mit unterschiedlicher Länge.

Schematische Beschreibung der Mineralien

In der Fachliteratur erfolgt die Einordnung der Mineralien häufig nach chemischen Gesichtspunkten. Dieses Ordnungsprinzip weist unbestreitbar Vorzüge auf, ist jedoch für den Vergleich am Fundort weniger gut geeignet. Die Einordnung der Minerale nach Glanz und Farbe ist in diesem Fall vorteilhafter.

Metallisch glänzende Minerale lassen sich sehr leicht von anderen unterscheiden, da sie zudem in der Regel undurchsichtig sind – was jedoch nicht ausschließt, daß dünnste Blättchen durchscheinend sein können. Mineralien kommen oft in verschiedener Färbung vor. Sie sind dann in der Beschreibung unter der Farbe eingeordnet, in der sie am häufigsten auftreten, oder als farblos registriert.

Weiter finden sich in der Beschreibung nähere Angaben über Kristallsystem, Härtegrad (nach Mohs), Dichte (spezifisches Gewicht), Spaltbarkeit, Strich, Erkennungsmerkmale und Vorkommen. Es empfiehlt sich, beim Fund zunächst eine ungefähre Härteprüfung vorzunehmen, da die Anzahl möglicher Vergleichsarten hiermit bereits stark eingeschränkt wird.

In der nachfolgenden Übersicht sind alle Mineralien angeführt, die in diesem Buch beschrieben sind.

Metallisch glänzende Mineralien

weißgrau, silbern: Molybdänit (Molybdänglanz), Wismut, Silber, Argentit-Akanthit (Silberglanz), Galenit (Bleiglanz), Antimonit (Antimonglanz), Chalkosin (Kupferglanz), Arsenopyrit (Arsenkies).

gelb: Gold, Chalkopyrit (Kupferkies), Pyrit (Schwefelkies), Markasit, Pyrrhotin (Magnetkies).

rot: Kupfer.

schwarz, dunkelgrau: Graphit, Bornit (Buntkupferkies), Magnetit (Magneteisenerz), Hämatit (Eisenglanz), Cassiterit (Zinnstein), Pyrolusit.

Nicht metallisch glänzende Mineralien

farblos, weiß: Gips, Halit (Steinsalz), Muskovit (Kaliumglimmer), Biotit (Kalium-Magnesium-Eisenglimmer), Calcit (Kalkspat), Baryt (Schwerspat), Dolomit, Ankerit, Aragonit, Strontianit, Alunit (Alaunstein), Heulandit (Blätterzeolith), Desmin (Stilbit, Bündelzeolith), Natrolith (Faserzeolith), Chabasit (Würfelzeolith), Fluorit (Flußspat), Wollastonit, Apatit, Analcim, Leucit, Opal, Sanidin, Orthoklas, Mikroklin, Adular, Albit, Oligoklas, Andesin, Labradorit, Anorthit, Periklin, Diaspor, Spodumen, Quarz (Gemeiner Quarz, Milchquarz), Bergkristall, Phenakit, Topas, Diamant.

gelb: Schwefel, Auripigment, Sphalerit (Zinkblende), Scheelit, Citrin, Beryll, Wulfenit, Stolzit.

rot: Realgar (Rauschrot), Cinnabarit (Zinnober), Proustit (lichtes Rotgültigerz), Pyrargyrit (dunkles Rotgültigerz), Krokoit (Rotbleierz), Rhodochrosit (Manganspat, Himbeerspat), Cuprit (Rotkupfererz), Rhodonit, Rutil, Rosenquarz, Granate-Gruppe.

violett: Amethyst.

blau: Azurit (Kupferlasur), Coelestin, Cyanit-Disthen, Sodalith, Spinell.

grün: Pyromorphit (Buntbleierz), Mimetesit, Malachit, Zoisit, Epidot, Olivin, Chrysoberyll.

braun: Siderit (Eisenspat), Titanit, Anatas, Vesuvian, Zirkon, Staurolith, Rauchquarz.

grau: Cerussit, Magnesit, Limonit, (Brauner Glaskopf), Chalcedon, Korund.

schwarz, dunkelgrau: Hornblende, Turmalin.

Molybdänit (Molybdänglanz) Originalgröße 8 cm
MoS$_2$

Kristallsystem:	Hexagonal.
Form:	Tafelige, blättrige, von 6 Seiten begrenzte Kristalle. Blättrige, schuppige Massen, auch derb oder körnig.
Härte:	1–1,5.
Dichte:	4,8.
Spaltbarkeit:	Vollkommen spaltbar in Blättchen, die biegsam, jedoch nicht elastisch sind.
Farbe, Transparenz:	Silberweiß bis grau; undurchsichtig.
Strich:	Dunkelgrau.
Glanz:	Metallisch.
Erkennungsmerkmale:	Bei etwa gleicher Härte wie Graphit, von diesem jedoch durch höheres Gewicht und helleren, bläulichen Farbton zu unterscheiden.
Vorkommen:	Als gelegentlicher Nebenbestandteil von Granit in Pegmatitstufen des Gesteins, in Quarzgängen sowie in angrenzenden kontaktmetamorphen Lagerstätten zusammen mit Granat, Pyroxenen, Scheelit, Pyrit und Turmalin. Auch in Gängen mit Zinnstein und Fluorit. Molybdänglanz ist recht häufig, doch nie in größeren Mengen.

Wismut
Bi

Originalgröße 6 cm

Kristallsystem:	Trigonal.
Form:	Kristalle selten, meist massive, körnige oder baumartig verzweigte Massen.
Härte:	2–2,5.
Dichte:	9,7–9,8.
Spaltbarkeit:	Vollkommen spaltbar.
Farbe, Transparenz:	Silberweiß, gelegentlich rötliche Anlauffarben; undurchsichtig.
Strich:	Silberweiß glänzend.
Glanz:	Metallisch.
Erkennungsmerkmale:	Rötlichsilbrige Farbe, vorzügliche Spaltbarkeit, schmilzt leicht.
Vorkommen:	Zusammen mit Erzen von Gold, Silber, Zinn, Nickel, Kobalt und Blei.

Silber   Originalgröße 5 cm
Ag

Kristallsystem:	Kubisch.
Form:	Kristalle selten, blättrige, drahtige Gebilde. Als Element Bestandteil verschiedener anderer Mineralien.
Härte:	2,5–3.
Dichte:	10–11.
Spaltbarkeit:	Keine.
Bruch:	Hakig; schmiedbar.
Farbe, Transparenz:	Silberweiß, meist mit grauschwarzen Anlauffarben; undurchsichtig.
Strich:	Silberweiß.
Glanz:	Metallisch, bei Anlauffarbe matter.
Erkennungsmerkmale:	Helle bis schwärzliche Färbung, Gewicht, Schmiedbarkeit.
Vorkommen:	Zusammen mit Silberglanz, Bleiglanz, Cerrusit, als eigenständiges Mineral jedoch selten. Bestandteil anderer Mineralien. Bekannte Vorkommen in Europa sind weitgehend ausgebeutet.

Argentit–Akanthit (Silberglanz)

Ag$_2$S

Kristallsystem:	Argentit kubisch, Akanthit rhombisch.
Form:	Würfelige oder oktaedrische (achtflächige) Kristalle, häufig als parallele Verwachsungen. Akanthit kristallisiert in spitzen Formen. Silberglanz kommt auch in baumartigen und massiven Massen vor.
Härte:	2–2,5.
Dichte:	7,2–7,4.
Spaltbarkeit:	Undeutlich würfelig spaltbar.
Bruch:	Nahezu muschelig.
Farbe, Transparenz:	Bleigrau bis schwarz; undurchsichtig.
Strich:	Dunkelgrau, glänzend.
Glanz:	Metallisch, rasch matt anlaufend.
Erkennungsmerkmale:	Dunkelgraue bis schwarze Farbe, mattes Anlaufen, kann mit dem Messer geschnitten werden. Von Silber auch durch geringeres Gewicht zu unterscheiden.
Vorkommen:	Meist auf silberhaltigen Bleiglanzgängen, auch zusammen mit Rotgültigerz, Silber und als Verwitterungsprodukt anderer sulfidischer Erze.

Galenit (Bleiglanz)
PbS

Originalgröße 8 cm

Kristallsystem:	Kubisch.
Form:	Würfel und Würfelkombinationen, oft flächenreich. Auch derb oder körnig.
Härte:	2,5.
Dichte:	7,4–7,6.
Spaltbarkeit:	Vollkommen würfelig spaltbar.
Farbe, Transparenz:	Bleigrau, frische Spaltflächen silbrig; undurchsichtig.
Strich:	Grau.
Glanz:	Metallisch, frische Spaltflächen stark glänzend, mehr oder minder matt anlaufend.
Erkennungsmerkmale:	Ausgezeichnete Spaltbarkeit, starker Glanz frischer Spaltflächen.
Vorkommen:	Bleiglanz ist sehr verbreitet in Verbindung mit Cerrusit und Anglesit als Oxydationsprodukte. Zusammen mit Zinkblende, Pyrit und Kupferkies auf Erzgängen. In Gängen von Quarz, Calcit, Schwerspat und Fluorit. Als wichtigstes Bleierz enthält Bleiglanz auch Silber in sehr unterschiedlichen Anteilen bis zu 5 $^0/_{00}$. Auf Halden stillgelegter Gruben u. a. im unteren Lahntal, Harz, Sauerland zu finden.

Antimonit (Antimonglanz)
Sb$_2$S$_3$

Originalgröße / cm

Kristallsystem:	Rhombisch.
Form:	Langgestreckte, nadelige Kristalle, stengelige, strahlige Aggregate.
Härte:	2.
Dichte:	4,4–4,7.
Spaltbarkeit:	Vollkommen in Längsrichtung spaltbar.
Bruch:	Nahezu muschelig.
Farbe, Transparenz:	Bleigrau, zum Teil mit irisierenden Überzügen, bläulich oder dunkel anlaufend; undurchsichtig.
Strich:	Bleigrau.
Glanz:	Metallisch.
Erkennungsmerkmale:	Form der langgestreckten, nadeligen Kristalle, die auch gekrümmt sein können; geringe Härte, niedriger Schmelzpunkt.
Vorkommen:	Gemeinsam mit Bleiglanz, Pyrit, Realgar und Auripigment auf quarzführenden Gängen und als Ablagerung heißer Quellen. Fundorte im Fichtelgebirge und im Harz.

Chalkosin (Kupferglanz)
Cu₂S

Originalgröße 3,5 cm und 5 cm

Kristallsystem:	Rhombisch.
Form:	Selten prismatische oder tafelige Kristalle, meist dichte Massen, auch Überzüge.
Härte:	2,5–3.
Dichte:	5,5–5,8.
Spaltbarkeit:	Undeutlich spaltbar; schneidbar.
Bruch:	Muschelig.
Farbe, Transparenz:	Dunkel-bleigrau mit schwarzer Anlauffarbe; undurchsichtig.
Strich:	Schwarz.
Glanz:	Metallisch oder matt angelaufen.
Erkennungsmerkmale:	Gemeinsames Vorkommen mit anderen Kupfererzen, schwarze Anlauffarbe. Beim Ritzen entsteht eine hellgänzende Spur.
Vorkommen:	Zusammen mit anderen Kupfererzen und gediegenem Kupfer. Zu finden im Siegerland und Harz.

Arsenopyrit (Arsenkies)

FeAsS

Originalgröße 8 cm

Kristallsystem:	Monoklin, pseudorhombisch.
Form:	Prismatische Kristalle, säulig, dachförmig, mit gestreiften Flächen. Körnige und derbe Massen.
Härte:	5,5–6.
Dichte:	5,9–6,1.
Spaltbarkeit:	Deutlich bis undeutlich nach dem Prisma spaltbar.
Bruch:	Uneben, spröde.
Farbe, Transparenz:	Zinnweiß bis stahlgrau, mit bräunlichem Überzug; undurchsichtig.
Strich:	Grauschwarz.
Glanz:	Metallisch.
Erkennungsmerkmale:	Zinnweiße Farbe, Kristallform.
Vorkommen:	Zusammen mit Zinn- und Silbererzen, Zinkblende Pyrit, Kupferkies, Bleiglanz, Quarz. Im Harz und im Erzgebirge sind bekannte Vorkommen.

Gold
Au

Originalgröße 3,5 cm

Kristallsystem:	Kubisch.
Form:	Dendritisch verzweigt, lose Körner, Kristallformen sind selten.
Härte:	2,5–3.
Dichte:	15,5–19,5.
Spaltbarkeit:	Keine; schmiedbar.
Bruch:	Hakig.
Farbe, Transparenz:	Goldgelb bis bräunlich oder silberweiß getönt; undurchsichtig.
Strich:	Wie Mineralfarbe.
Glanz:	Metallisch.
Erkennungsmerkmale:	Geringe Härte, Farbe. Schmiedbarkeit und Strichfarbe unterscheiden Gold von Pyrit und Kupferkies.
Vorkommen:	In kleinsten Mengen auf Quarz, als Körner in Flußsanden. Bekannte Goldvorkommen in Europa sind ausgebeutet, so im Fichtelgebirge, in den Hohen Tauern und Karpaten.

Chalkopyrit (Kupferkies)
CuFeS$_2$

Originalgröße 2,5 cm und 2,5 cm

Kristallsystem:	Tetragonal.
Form:	Kristalle meist klein und verzerrt, schwer zu deuten, verzwillingt. Derb und dicht, auch als Anflug und Überzug auf anderen Mineralien.
Härte:	3,5–4.
Dichte:	4,2.
Spaltbarkeit:	Keine.
Bruch:	Uneben bis muschelig, spröde.
Farbe, Transparenz:	Messingfarben bis goldgelb mit bunten Anlauffarben, auch schwarz; undurchsichtig.
Strich:	Grünlichgrau bis schwarz.
Glanz:	Metallisch.
Erkennungsmerkmale:	Geringere Härte als Pyrit, Anlauffarben. Wie die meisten Sulfide empfindlich gegen Feuchtigkeitseinfluß.
Vorkommen:	Verbreitetes Kupfererz, aber arm an Kupfergehalt. Kommt zusammen mit Pyrit, Zinnstein, Zinkblende und Bleiglanz vor. Begleitet Gangminerale wie Quarz und Calcit, ist auch in Pegmatiten und kristallinen Schiefern anzutreffen.

Pyrrhotin (Magnetkies)   Originalgröße 12 cm
FeS

Kristallsystem:	Hexagonal.
Form:	Meist derb, selten tafelige, blättrige Kristalle.
Härte:	3,5–4,5.
Dichte:	4,6.
Spaltbarkeit:	Teilbar, blättrig.
Bruch:	Uneben bis muschelig.
Farbe, Transparenz:	Bronzegelb, dunkelt an der Luft nach; undurchsichtig.
Strich:	Schwarz.
Glanz:	Metallisch.
Erkennungsmerkmale:	Rötlichbronzene Farbe, Härte, magnetische Eigenschaften.
Vorkommen:	In Pegmatiten und auf Kontaktlagerstätten.

Markasit (links), Pyrit (rechts); Originalgröße 3 cm und 4,5 cm

Markasit

FeS_2

Kristallsystem:	Rhombisch.
Form:	Tafelig, stalaktitisch, derb.
Härte:	6–6,5.
Dichte:	4,8.
Spaltbarkeit:	Schlecht prismatisch spaltbar.
Bruch:	Spröde uneben.
Farbe, Transparenz:	Messing- bis bronzegelb; undurchsichtig.
Strich:	Grauschwarz.
Glanz:	Metallisch.
Erkennungsmerkmale:	Blassere Farbe als Pyrit, schwer von diesem zu unterscheiden.
Vorkommen:	Wenig verbreitet, hauptsächlich zusammen mit Blei- und Zinkerzen.

Pyrit (Schwefelkies)

FeS_2

Kristallsystem:	Kubisch.
Form:	Würfelig mit Streifung, kugelig, derb.
Härte:	6–6,5.
Dichte:	5,0.
Spaltbarkeit:	Undeutlich würfelig oder nicht spaltbar.
Bruch:	Spröde, muschelig.
Farbe, Transparenz:	Messinggelb; undurchsichtig.
Strich:	Schwarz.
Glanz:	Metallisch.
Erkennungsmerkmale:	Farbe, Härte, keine Anlauffarben.
Vorkommen:	Weit verbreitet, verwittert zu Limonit.

Kupfer
Cu

Originalgröße 6 cm

Kristallsystem:	Kubisch.
Form:	Meist dünne, fein verzweigte Bleche, selten Kristalle als Würfel oder Rhombendodekaeder.
Härte:	2,5–3.
Dichte:	8,9.
Spaltbarkeit:	Keine; schmiedbar.
Bruch:	Hakig.
Farbe, Transparenz:	Kupferrot, oft bräunliche oder bunte Anlauffarben; undurchsichtig.
Strich:	Wie Mineralfarbe.
Glanz:	Metallisch.
Erkennungsmerkmale:	Farbe, Strichfarbe, Dehnbarkeit.
Vorkommen:	In Laven, Sandsteinen und Konglomeraten als sekundäres Mineral. Elementares Kupfer kommt immer nur in kleinen Mengen vor, ist dennoch nicht selten anzutreffen. Bekannte Abbaustätten in Europa sind weitgehend erschöpft.

Graphit
C

Originalgröße 7 cm

Kristallsystem:	Hexagonal.
Form:	Tafelige Kristalle, auch dichte, blättrige Massen.
Härte:	1–2.
Dichte:	2,1–2,3.
Spaltbarkeit:	Vollkommen spaltbar.
Farbe, Transparenz:	Dunkelgrau bis schwarz; undurchsichtig.
Strich:	Schwarz.
Glanz:	Metallisch, halbmetallisch, matt.
Erkennungsmerkmale:	Sehr weich, färbt auf Finger und Papier ab.
Vorkommen:	In Umwandlungsgestein als Blättchen, in Pegmatiten, Schiefern und Kalken.
Bemerkung:	Wie der Diamant besteht auch Graphit aus reinem Kohlenstoff. Das chemische Zeichen C für Carboneum kennzeichnet somit das härteste und das weichste Mineral gleichermaßen.

Bornit (Buntkupferkies) Originalgröße 8 cm
Cu_5FeS_4

Kristallsystem:	Kubisch.
Form:	Seltene Kristalle sind würfelig oder rhombendodekaedrisch, meist jedoch massig
Härte:	3.
Dichte:	5,1.
Spaltbarkeit:	Keine.
Bruch:	Muschelig, uneben.
Farbe, Transparenz:	Auf unverwitterter Oberfläche dunkel-rötlichbraun, bunt anlaufend; undurchsichtig.
Strich:	Grauschwarz.
Glanz:	Metallisch.
Erkennungsmerkmale:	Buntschillernde Anlauffarben, vor allem blaurot, Härte.
Vorkommen:	Zusammen mit Kupferkies und Kupferglanz auf hydrothermalen Gängen und in manchen Pegmatiten.

Magnetit (Magneteisenerz)   Originalgröße 5 cm
Fe_3O_4

Kristallsystem:	Kubisch.
Form:	Kristalle meist Oktaeder (achtflächige Doppelpyramide mit quadratischem Querschnitt). Auch derbe, körnige Massen.
Härte:	5,5–6.
Dichte:	5.
Spaltbarkeit:	Teilbar nach dem Oktaeder.
Bruch:	Muschelig.
Farbe, Transparenz:	Schwarz; undurchsichtig.
Strich:	Schwarz.
Glanz:	Metallisch bis mattglänzend.
Erkennungsmerkmale:	Schwarze Farbe, magnetische Eigenschaften.
Vorkommen:	Magnetit bildet sich unter verschiedensten Bedingungen und ist weit verbreitet. Mit einem Eisengehalt bis zu 70% ist es das bedeutendste Eisenerz. Durch Umwandlung kann Magnetit aus anderen Eisenmineralen entstehen. Er ist auch Nebenbestandteil mancher Eruptivgesteine.

Hämatit (Eisenglanz)   Originalgröße 3,5 cm
Fe$_2$O$_3$

Kristallsystem:	Trigonal.
Form:	Tafelige oder rhomboedrische Kristalle, traubige Aggregate, säulig, blättrig und derb, auch rosettenartig (Eisenrose).
Härte:	5–6,5.
Dichte:	5,1–5,5.
Spaltbarkeit:	Keine
Bruch:	Uneben, spröde.
Farbe, Transparenz:	Stahlgrau bis schwarz, gelegentlich bunt anlaufend; undurchsichtig, dünnste Blättchen durchscheinend rot.
Strich:	Rot bis braun.
Glanz:	Metallisch, manchmal stumpf.
Erkennungsmerkmale:	Rote Strichfarbe, Härte.
Vorkommen:	Als Nebenbestandteil in Eruptivgesteinen, als sekundäres Mineral aus eisenhaltigen Lösungen gebildet, verbreitet in Sedimenten.

Cassiterit (Zinnstein)

Originalgröße 3,5 cm

SnO_2

Kristallsystem:	Tetragonal.
Form:	Pyramidenähnliche, prismatische Kristalle, derb, körnige Massen.
Härte:	6–7.
Dichte:	7.
Spaltbarkeit:	Undeutlich prismatisch spaltbar.
Bruch:	Uneben, spröde.
Farbe, Transparenz:	Rötlichbraun bis schwarz; undurchsichtig bis durchscheinend.
Strich:	Gelbbraun bis weiß.
Glanz:	Metallisch bis Diamantglanz.
Erkennungsmerkmale:	Dichte, starker Glanz, heller Strich.
Vorkommen:	Zinnlagerstätten in Pegmatiten zusammen mit Kupferkies, Quarz, Orthoklas, Muskovit, Rutil und vielen anderen Begleitmineralen.

Pyrolusit
MnO$_2$

Kristallsystem:	Tetragonal.
Form:	Kristalle sehr selten: meist derb oder strahlig, als dendritische Einschlüsse und Überzüge anderer Mineralien, versteinerten Pflanzen ähnelnd.
Härte:	2–6,5 (geringe Härte, wenn derbes Material).
Dichte:	4,5–7,5.
Spaltbarkeit:	Vollkommen nach dem Prisma spaltbar.
Bruch:	Uneben, splittrig.
Farbe, Transparenz:	Bläulich-violett, stahlgrau bis schwarz; undurchsichtig.
Strich:	Schwarz.
Glanz:	Metallisch, als Dendriten matt.
Erkennungsmerkmale:	Härte bei derber Ausbildung sehr gering, dendritische Formen.
Vorkommen:	Häufig als Dendriten in sedimentären Lagerstätten, Quarzgängen und Umwandlungsgesteinen.

Gips
CaSO$_4$ · 2 H$_2$O

Sandrose; Originalgröße 8,5 cm

Kristallsystem:	Monoklin.
Form:	Tafelige Kristalle mit teilweise gekrümmten Flächen, auch nadelig, faserig, dicht. Blättrige Aggregate in Rosettenform (Wüstenrose). Durchsichtig farbloser Gips wird als Selenit bezeichnet.
Härte:	2.
Dichte:	2,3.
Spaltbarkeit:	Vollkommen spaltbar.
Farbe, Transparenz:	Farblos bis weiß, Farbschattierungen gelb, grau, rot oder bräunlich; durchsichtig bis durchscheinend.
Strich:	Weiß.
Glanz:	Glasglanz, teilweise Perlglanz.
Erkennungsmerkmale:	Geringe Härte (kann mit dem Fingernagel geritzt werden), Zwillingsbildung.
Vorkommen:	In geschichteten Lagerstätten, auch zusammen mit Steinsalz und Anhydrit. Harz, Thüringen, Wiesloch/Baden, Oberfranken, Salzbergwerke bei Berchtesgaden. Massiger Gips als Alabaster in der Toskana/Italien.

41

Muskovit (Kaliumglimmer)

$KAl_2[(OH,F)_2/AlSi_3O_{10}]$

Kristallsystem:	Monoklin.
Form:	Pseudohexagonale (sechsseitige) Blättchen, blättrige Aggregate.
Härte:	2,5–3.
Dichte:	2,8.
Spaltbarkeit:	Vollkommen in Blättchen spaltbar.
Farbe, Transparenz:	Farblos bis blaßgrau, auch silbrig; durchsichtig bis durchscheinend.
Strich:	Weiß.
Glanz:	Glasglanz, Perlglanz, metallisch.
Erkennungsmerkmale:	Ausgezeichnete blättrige Spaltbarkeit, Blätter biegsam, (**Heller** Glimmer).
Vorkommen:	In Schiefern und Gneisen, in Pegmatiten.

Biotit (Kalium-Magnesium-Eisenglimmer)

$K(Mg,Fe,Mn)_3[(OH,F)_2/AlSi_3O_{10}]$

Kristallsystem:	Monoklin.
Form:	Pseudohexagonale (sechsseitige) Blättchen, blättrige Aggregate.
Härte:	2–3.
Dichte:	3.
Spaltbarkeit:	Vollkommen in Blättchen spaltbar.
Farbe, Transparenz:	Gelblich bis schwarz, auch goldfarbig; durchsichtig bis durchscheinend.
Strich:	Weiß.
Glanz:	Glasglanz, Perlglanz, metallisch.
Erkennungsmerkmale:	Ausgezeichnete blättrige Spaltbarkeit, Blätter biegsam, (**Dunkler** Glimmer).
Vorkommen:	Wie Muskovit, jedoch auch in Ergußgesteinen.

Biotit, Originalgröße 3,5 cm

Halit (Steinsalz)
NaCl

Originalgröße 2,5 – 3 cm

Kristallsystem:	Kubisch.
Form:	Würfelige Kristalle und Aggregate, auch massig.
Härte:	2–2,5.
Dichte:	2,1.
Spaltbarkeit:	Vollkommen in Würfel spaltbar.
Farbe, Transparenz:	Farblos, weiß, gelb, rot und gelegentlich blau getönt; durchsichtig bis durchscheinend.
Strich:	Weiß.
Glanz:	Glasglanz.
Erkennungsmerkmale:	Geringe Härte, wasserlöslich. Sylvin ähnelt dem Steinsalz, Unterscheidung bitterer Geschmack.
Vorkommen:	Bedeutende Vorkommen befinden sich in Lüneburg, Riedel b. Zelle, im Werragebiet und in Berchtesgaden.

44

Calcit (Kalkspat)
CaCO₃

Originalgröße 4 – 7 cm

Kristallsystem:	Trigonal.
Form:	Calcitkristalle besitzen Formenreichtum wie kein anderes Mineral. Sie sind in der Regel tafelig, prismatisch oder pyramidenähnlich ausgebildet. Auch körnige, stalaktitische und massige Vorkommen.
Härte:	3.
Dichte:	2,7.
Spaltbarkeit:	Vollkommen spaltbar. Gleich, welche Kristallform, spaltet sich Calcit immer in rhomboedrischer Form (Spaltrhomboeder).
Farbe, Transparenz:	Farblos, weiß, gelb, grau, auch rötliche, bräunliche oder bläuliche Farbtöne; durchsichtig bis durchscheinend.
Strich:	Weiß.
Glanz:	Glasglanz, auf Spaltflächen auch Perlglanz. Verwitterte Kristallflächen matt.
Erkennungsmerkmale:	Rhomboedrische Spaltformen bei vollkommener Spaltbarkeit, löst sich unter Aufschäumen durch verdünnte Salzsäure.
Vorkommen:	Calcit ist sehr verbreitet und auch in kristalliner Form häufig zu finden.

Baryt (Schwerspat)
Ba SO_4

Originalgröße 5 und 3 cm

Kristallsystem:	Rhombisch.
Form:	Meist tafelige oder blättrige, aber auch prismatische Kristalle. Blättrige Aggregate (Wüsten- oder Sandrose).
Härte:	3–3,5.
Dichte:	Bis 4,5.
Spaltbarkeit:	Sehr gut in Tafeln spaltbar.
Farbe, Transparenz:	Farblos, weiß und in gelben, braunen, roten, grünen und blauen Farbtönen; durchsichtig bis durchscheinend.
Strich:	Weiß.
Glanz:	Glasglanz.
Erkennungsmerkmale:	Baryt ist im Vergleich zu ähnlichen Mineralen schwer und löst sich im Gegensatz zu Calcit nicht in verdünnter Salzsäure.
Vorkommen:	Zusammen mit Calcit, Fluorit und Quarz, als Gangmineral bei Erzen verschiedener Art, als Barytkonkretionen in Kalk oder Sandstein.

Dolomit, Ankerit

Ankerit, Originalgröße 10 cm

$CaMg(CO_3)_2$
$CaFe(CO_3)_2$

Kristallsystem:	Trigonal.
Form:	Rhomboeder, auch massig.
Härte:	3,5–4.
Dichte:	Dolomit 2,9, Ankerit 2,9–3,5.
Spaltbarkeit:	Vollkommen in rhomboedrische Formen spaltbar.
Farbe, Transparenz:	Weiß, gelb, braun, grau, Dolomit auch farblos und rötlich; durchsichtig/durchscheinend.
Strich:	Weiß.
Glanz:	Glasglanz.
Erkennungsmerkmale:	Dolomit und Ankerit ähneln Calcit, lösen sich jedoch nur langsam in kalter, verdünnter Salzsäure und unterscheiden sich durch größere Härte.
Vorkommen:	Dolomit ist als gesteinsbildendes Mineral häufig. Kristalle kommen in Gängen verschiedener Erze vor.
Bemerkung:	Zwischen Dolomit und Ankerit bestehen stufenlose Übergänge. Das Magnesium des Dolomit ist im Ankerit teilweise oder vollständig durch Eisen ersetzt, mit zunehmender Braunfärbung.

47

Aragonit
CaCO$_3$

Originalgröße 2 cm und 3 cm

Kristallsystem:	Rhombisch.
Form:	Stengelig, prismatisch, tafelig; pyramiden-ähnliche, pseudohexagonale (sechsseitige) Formen sind häufig.
Härte:	3,5–4.
Dichte:	2,9.
Spaltbarkeit:	Undeutlich spaltbar.
Bruch:	Nahezu muschelig.
Farbe, Transparenz:	Farblos, grau, weiß, gelblich, gelegentlich auch rötliche, grünliche oder bläuliche Tönungen; durchsichtig bis durchscheinend.
Strich:	Weiß.
Glanz:	Glasglanz.
Erkennungsmerkmale:	Wie Calcit unter Aufschäumen in verdünnter Salzsäure löslich. Unterscheidet sich durch Kristallform, Härte und weniger ausgeprägte Spaltbarkeit.
Vorkommen:	Als Ablagerung heißer Quellen, in Erzgängen und Sedimenten. Fundorte unter anderem im Siegerland, am Kaiserstuhl/Baden, in Kärnten und der Steiermark, ideale Kristallformen in der Provinz Aragon/Spanien.

Strontianit
SrCO$_3$

Originalgröße 3,5 cm

Kristallsystem:	Rhombisch.
Form:	Stengelige, prismatische Kristalle und Aggregatbildungen, auch dichte, faserige oder körnige Massen.
Härte:	3,5–4.
Dichte:	3,7.
Spaltbarkeit:	Gut in Prismen spaltbar.
Bruch:	Uneben.
Farbe, Transparenz:	Weiß, grau, grünliche oder gelbliche Farbtöne; durchsichtig bis durchscheinend.
Glanz:	Glasglanz.
Erkennungsmerkmale:	Löslich in verdünnter Salzsäure wie Calcit, von diesem aber durch Härte, Dichte und Kristallform zu unterscheiden. Strontium färbt eine Flamme rot.
Vorkommen:	Zusammen mit Baryt und Coelestin in Kalken und auf Erzgängen.

Alunit (Alaunstein)
$KAl_3[(OH)_6(SO_4)_2]$

synthetisch hergestellte Kristalle;
Originalgröße 0,6 cm

Kristallsystem:	Trigonal.
Form:	Selten rhomboeder- oder würfelähnliche Kristalle, meist dichte Formen.
Härte:	3,5–4.
Dichte:	2,7–2,8.
Spaltbarkeit:	Deutlich spaltbar.
Bruch:	Uneben, spröde.
Farbe, Transparenz:	Weiß, gelblich, rötlich; durchsichtig bis durchscheinend.
Strich:	Weiß.
Glanz:	Glasglanz, Seidenglanz.
Erkennungsmerkmale:	Als dichte Masse schwer von Dolomit, Anhydrit und Magnesit zu unterscheiden. Bedingte Wasserlöslichkeit.
Vorkommen:	Alunit wird als sekundäres Mineral in feldspathaltigem, vulkanischem Gestein abgeschieden.

Zeolith-Gruppe

Zeolithe sind Minerale, die bei recht unterschiedlichen Formen große Ähnlichkeit in der chemischen Zusammensetzung aufweisen und gelegentlich zusammen vorkommen. Alle Zeolithe enthalten nicht fest gebundenes Wasser, das beim Erhitzen entweicht. Sie werden von Salzsäure zersetzt, wobei eine kieselsäurehaltige, schleimige Masse entsteht.

Einige Arten kommen überwiegend in Form faseriger Aggregate vor, andere bilden blättrige oder würfelähnliche Kristalle bei unterschiedlicher Spaltbarkeit und Härte. Da dem Laien eine Unterscheidung der einzelnen Erscheinungsformen untereinander schwerfallen dürfte, seien nur die häufigsten und deutlich abgesetzten Minerale dieser Gruppe aufgeführt.

Heulandit (Blätterzeolith)

$(Na, Ca)_{4-6}Al_6(Al, Si)_4Si_{26}O_{72} \cdot 24 H_2O$

Kristallsystem:	Monoklin.
Form:	Meist tafelige, pseudorhombische Kristalle.
Härte:	3,5–4.
Dichte:	2,1–2,2.
Spaltbarkeit:	Vollkommen in einer Richtung spaltbar.
Bruch:	Uneben.
Farbe, Transparenz:	Weiß, rosa, rot und braun; durchsichtig bis durchscheinend.
Strich:	Weiß.
Glanz:	Glasglanz, auf Spaltflächen auch Perlglanz.
Erkennungsmerkmale:	Tafelige Kristalle.
Vorkommen:	In Hohlräumen basaltischer Gesteine, auch zusammen mit Stilbit. Im Nahegebiet bei Idar-Oberstein, im Fassatal/Südtirol.

Desmin (Stilbit, Bündelzeolith)

Originalgröße 10 cm

$NaCa_2(Al_5Si_{13})O_{36} \cdot 14H_2O$

Kristallsystem:	Monoklin.
Form:	Ährenähnlich gebündelte Aggregate durch kreuzförmige Zwillingsdurchdringung.
Härte:	3,5–4.
Dichte:	2,1–2,2.
Spaltbarkeit:	Gut spaltbar.
Bruch:	Uneben.
Farbe, Transparenz:	Weiß, gelblich, rosa, selten rot; durchsichtig bis durchscheinend.
Strich:	Weiß.
Glanz:	Glasglanz, auf Spaltflächen auch Perlglanz.
Erkennungsmerkmale:	Bündelartige Aggregate.
Vorkommen:	In basaltischen Gesteinen, auch zusammen mit Heulandit.

Natrolith (Faserzeolith)
$Na_2Al_2Si_3O_{10} \cdot 2H_2O$

Kristallsystem:	Rhombisch.
Form:	Nadelige Kristalle, strahlige Aggregate.
Härte:	5.
Dichte:	2,2–2,3.
Spaltbarkeit:	Deutlich nach dem Prisma spaltbar.
Bruch:	Uneben.
Farbe, Transparenz:	Farblos, weiß; durchsichtig bis durchscheinend.
Strich:	Weiß.
Glanz:	Glasglanz.
Erkennungsmerkmale:	Strahlige Ausbildung.
Vorkommen:	In Hohlräumen von Eruptivgesteinen. Am Hohentwiel bei Singen/Württemberg.

Chabasit (Würfelzeolith)

$(CaNa_2)Al_2Si_4O_{12} \cdot 6H_2O$

Originalgröße 4,5 cm

Kristallsystem:	Trigonal.
Form:	Würfelähnliche Kristalle.
Härte:	4,5.
Dichte:	2,0–2,1.
Spaltbarkeit:	Deutlich bis undeutlich nach Rhomboeder spaltbar.
Bruch:	Uneben.
Farbe, Transparenz:	Farblos, weiß, gelb, rötlich bis rot; durchsichtig bis durchscheinend.
Strich:	Weiß.
Glanz:	Glasglanz.
Erkennungsmerkmale:	Rhomboedrische, würfelähnliche Form.
Vorkommen:	In Hohlräumen basaltischer Gesteine, als späte Bildung auch auf Erzgängen und Pegmatitdrusen.

Fluorit (Flußspat)   Originalgröße 5 cm und 6 cm
CaF_2

Kristallsystem:	Kubisch.
Form:	Unversehrte Kristallformen meist würfelig; Spaltformen Oktaeder (8-Flächner). Es kommen auch natürliche Kombinationen von Würfel und Oktaeder vor.
Härte:	4.
Dichte:	3,2.
Spaltbarkeit:	Vollkommen in Oktaeder zu spalten.
Bruch:	Nahezu muschelig.
Farbe, Transparenz:	Farblos und nahezu in allen Farben vorkommend, vor allem Gelb und Violett, auch verschiedenfarbig; durchsichtig, stark gefärbte Arten durchscheinend bis undurchsichtig.
Strich:	Weiß.
Glanz:	Glasglanz.
Erkennungsmerkmale:	Würfelige Kristalle oder oktaedrische Spaltformen, härter als Calcit. Keine Reaktion bei verdünnter Salzsäure. Bedingte Fluoreszenz.
Vorkommen:	Fluorit ist in Pegmatiten und Erzgängen zu finden, zusammen mit Quarz, Baryt und Calcit. Fluorit ist auch in schönen Kristallformen verbreitet. Fundorte Schwarzwald, Frankenwald, Oberpfalz, Schweizer Alpen.

Apatit

$Ca_5(PO_4)_3 (F,Cl,OH)$

Originalgröße 5 cm

Kristallsystem:	Hexagonal.
Form:	Meist tafelige oder prismatische, sechsseitige Kristalle, aber auch dichte und körnige Massen.
Härte:	5.
Dichte:	3,2.
Spaltbarkeit:	Undeutlich spaltbar.
Bruch:	Muschelig, uneben.
Farbe, Transparenz:	Farblos, weiß, gelb, grün, bräunlich, bläulich oder rötlich; durchsichtig bis durchscheinend.
Strich:	Weiß.
Glanz:	Glasglanz bis Harzglanz.
Erkennungsmerkmale:	Apatit ist zu verwechseln mit Quarz, Beryll und anderen sechsseitigen Kristallformen. Er unterscheidet sich durch geringere Härte.
Vorkommen:	Apatit ist als Phosphat verbreitet und in Form kleiner Kristalle Nebenbestandteil verschiedener Eruptivgesteine. Größere Kristalle sind in Pegmatiten zu finden. Gelegentlich Vorkommen in Marmor und Kalksedimenten. Fundstätten im Erzgebirge, Fichtelgebirge und am Laacher See/Eifel.

Wollastonit
CaSiO₃

Originalgröße 3,5 cm

Kristallsystem:	Triklin.
Form:	Tafelige und prismatische Kristalle, derb, faserig, in spätigen Massen und radialstrahligen Aggregaten.
Härte:	4,5–5.
Dichte:	2,9–3.
Spaltbarkeit:	Gut bis vollkommen spaltbar.
Bruch:	Uneben.
Farbe, Transparenz:	Weiß bis grau; durchsichtig bis durchscheinend.
Strich:	Weiß.
Glanz:	Glasglanz, Perlglanz, faserige Aggregate, Seidenglanz.
Erkennungsmerkmale:	Härte, Spaltbarkeit, spezielle Vorkommen, Farbe.
Vorkommen:	Wollastonit ist im wesentlichen an Kontakthöfe in Umwandlungsgesteinen und dort an kieselsäurehaltige Kalke gebunden. Begleitmineralien sind Epidot, Vesuvian, Grossular und Calcit.

Analcim
NaAlSi$_2$O$_6$ · H$_2$O

Kristallsystem:	Kubisch.
Form:	Granatähnliche Kristalle, Ikositetraeder.
Härte:	5,5.
Dichte:	2,2–2,3.
Spaltbarkeit:	Kaum spaltbar.
Bruch:	Muschelig.
Farbe, Transparenz:	Farblos, weiß, grau, rosa und gelb, teilweise gefleckt; durchsichtig bis durchscheinend.
Strich:	Weiß.
Glanz:	Glasglanz.
Erkennungsmerkmale und Vorkommen:	Siehe Leucit.

Leucit
KAlSi$_2$O$_6$

Originalgröße 3,5 cm

Kristallsystem:	Tetragonal (pseudokubisch), kubisch.
Form:	Granatähnliche Kristalle, Ikositetraeder.
Härte:	5,5–6.
Dichte:	2,5.
Spaltbarkeit:	Kaum spaltbar.
Bruch:	Muschelig.
Farbe, Transparenz:	Weiß oder grau; durchscheinend.
Strich:	Weiß.
Glanz:	Glasglanz bis matt.
Erkennungsmerkmale:	Analcim und Leucit sind untereinander nur sehr schwer zu unterscheiden. Von anderen Mineralien unterscheidet sie die Kristallform in Verbindung mit Farbe und Härte.
Vorkommen:	Analcim und Leucit kommen in kieselsäurearmen Eruptivgesteinen vor, Leucit nie zusammen mit Quarz, aber in kaliumreichen Laven. Analcim ist zusammen mit Zeolithen in Hohlräumen von Basalten und gelegentlich auch in Sedimenten zu finden.

Opal, Originalgröße 4 cm

Opal

$SiO_2 \cdot nH_2O$

Kristallsystem:	Amorph – keine Kristallausbildung.
Form:	Dicht, stalaktitische und gerundete Formen.
Härte:	5,5–6.
Dichte:	Je nach Wassergehalt 1,8–2,3.
Spaltbarkeit:	Keine.
Bruch:	Muschelig.
Farbe, Transparenz:	Farblos, milchigweiß, blau, rot, braun bis fast schwarz; durchsichtig, durchscheinend und undurchsichtig.
Strich:	Weiß.
Glanz:	Glasglanz bis Wachsglanz.
Erkennungsmerkmale:	Dichte Form. Von Chalcedon durch geringere Härte und geringeres Gewicht zu unterscheiden.
Vorkommen:	Ablagerung aus kieselsäurehaltigem Wasser auch bei niedrigen Temperaturen. Spaltenfüllung und Konkretionen in verschiedenen Gesteinsarten. Vorkommen unter anderem am Kaiserstuhl/Baden.
Varietäten:	*Edelopal* – milchigweiße Masse, durchscheinend, mit besonders schönem Farbenspiel. *Hyalit* – wasserklar. *Feueropal* – gelb bis rot, nahezu durchsichtig bis durchscheinend. *Holzopal* – versteinertes Holz. *Kieselsinter oder Geyserit* – Ausscheidung heißer Quellen.

Feldspäte

Die Feldspäte sind die häufigsten und verbreitetsten Mineralien. Als Hauptbestandteil der wesentlichsten Gesteinsarten nehmen sie neben Quarz eine Sonderstellung ein. Es wird grundsätzlich unterteilt in Kalifeldspäte und Kalknatronfeldspäte oder Plagioklase. Die einzelnen Feldspäte dieser beiden Gruppen sind für Laien nur schwer zu unterscheiden, da sie in Erscheinungsform, Härte und Spaltbarkeit große Ähnlichkeit aufweisen.

Sanidin (Kalifeldspat)
KAlSi$_3$O$_8$

Kristallsystem:	Monoklin.
Form:	Meist tafelige oder prismatische Kristalle.
Härte:	6–6,5.
Dichte:	2,5.
Spaltbarkeit:	Sehr gut in zwei Richtungen spaltbar.
Bruch:	Spröde, uneben.
Farbe, Transparenz:	Grau, bräunlich, gelblich, farblos; durchscheinend.
Strich:	Weiß.
Glanz:	Glasglanz, auf Spaltflächen Perlglanz.
Erkennungsmerkmale:	Von anderen Mineralien durch Härte und Spaltbarkeit zu unterscheiden.
Vorkommen:	In Ergußgesteinen und manchen metamorphen Gesteinsarten.

Orthoklas (Kalifeldspat)
$KAlSi_3O_8$

Originalgröße 9 cm

Kristallsystem:	Monoklin.
Form:	Prismatische, kurzsäulige, leistenförmige Kristalle; Zwillingsbildung häufig; auch spätige Massen.
Härte:	6–6,5.
Dichte:	2,5.
Spaltbarkeit:	Sehr gut in zwei Richtungen spaltbar.
Bruch:	Uneben.
Farbe, Transparenz:	Rötlich, bräunlich, grau, weiß bis farblos; durchscheinend.
Strich:	Weiß.
Glanz:	Glasglanz, Perlglanz auf Spaltflächen.
Erkennungsmerkmale:	Härte und Spaltbarkeit sowie Zwillingsbildung.
Vorkommen:	Orthoklas ist Hauptgemengteil vieler Gesteine. Kristallstufen in Pegmatit-Drusen, alpinen Klüften, kristallinen Schiefern und Erzgängen.

Mikroklin (Kalifeldspat)
KAlSi$_3$O$_8$

Mikroklin mit Desmin und Epidot;
Originalgröße 14 cm

Kristallsystem:	Triklin.
Form:	Säulige, prismatische Formen, Kristalle gelegentlich mit quadratischem Querschnitt; körnig, spätig und derb.
Härte:	6.
Dichte:	2,5.
Spaltbarkeit:	Sehr gut in zwei Richtungen spaltbar.
Bruch:	Uneben.
Farbe, Transparenz:	Gelblich, grau, grün, bläulichgrün; durchscheinend.
Strich:	Weiß.
Glanz:	Glasglanz, Perlglanz.
Erkennungsmerkmale:	Härte, Spaltbarkeit, Form.
Vorkommen:	Gemengeteil vieler Eruptivgesteine; in metamorphen Gesteinen. Kristallausbildungen in Spalten und Hohlräumen.
Besonderheiten:	Die grüne Varietät des Mikroklin, der Amazonit, findet als Schmuckstein Verwendung.

Adular (Kalifeldspat) Originalgröße 9 cm
KAlSi$_3$O$_8$

Kristallsystem:	Monoklin.
Form:	Deutliche, einfache Kristallform, dicktafelig, prismatisch.
Härte:	6.
Dichte:	2,6.
Spaltbarkeit:	Zwei vollkommene Spaltrichtungen.
Bruch:	Muschelig bis uneben.
Farbe, Transparenz:	Farblos, weiß mit perlartigem Schimmer; durchsichtig bis durchscheinend.
Glanz:	Glasglanz.
Erkennungsmerkmale:	Einfache Kristallform, nur aufgewachsene Kristalle, oft mit grüngrauem Chloritstaub überdeckt.
Vorkommen:	In alpinen Klüften und Drusen, auf Erzgängen.

▲ Albit in granitischem Gefüge, Originalgröße 10 cm

▼ Labradorit, Originalgröße 6,5 cm

Albit, Oligoklas, Andesin, Labradorit, Anorthit, Periklin
(Kalknatronfeldspäte, Plagioklase)
$NaAlSi_3O_8 - Ca\,AlSi_3O_8$

Kristallsystem:	Triklin.
Form:	Prismatische oder tafelige Kristalle, Zwillingsbildung, derbe oder körnige Massen.
Härte:	6–6,5.
Dichte:	2,6–2,8.
Spaltbarkeit:	Gut nach zwei Richtungen spaltbar.
Bruch:	Uneben.
Farbe, Transparenz:	Weiß, grau, rosa, grünlich oder bräunlich, Labradorit gelegentlich mit reichem Farbenspiel; durchsichtig bis durchscheinend.
Glanz:	Glasglanz, Perlglanz.
Erkennungsmerkmale:	Von anderen Mineralien durch Härte und Spaltbarkeit zu unterscheiden.
Vorkommen:	In vielen Eruptivgesteinen, vor allem in Granit. Periklin kommt in Form von aufgewachsenen Kristallen in alpinen Klüften vor.

Die Plagioklase bilden eine Mischreihe. Der Calcium- und Natriumanteil verändert sich etwa in folgendem Verhältnis:

Albit (Endglied)	100% Na	0% Ca
Oligoklas	80% Na	20% Ca
Andesin	60% Na	40% Ca
Labradorit	40% Na	60% Ca
Bytownit	20% Na	80% Ca
Anorthit (Endglied)	0% Na	100% Ca

Diaspor
AlO(OH)

Originalgröße 7 cm

Kristallsystem:	Rhombisch.
Form:	Tafelige Kristalle, Platten, blättrige, stengelige oder auch derbe Massen.
Härte:	6,5–7.
Dichte:	3,2–3,5.
Spaltbarkeit:	Vollkommen in eine Richtung spaltbar.
Farbe, Transparenz:	Farblos, weiß, grau, braun, auch rötlich; durchscheinend.
Glanz:	Glasglanz, auf Spaltflächen Perlglanz.
Erkennungsmerkmale:	Spaltbarkeit, Härte, blättrige Form.
Vorkommen:	Bestandteil des Bauxit, kommt zusammen mit Disthen, Magnetit, Calcit und Serpentin vor.

Spodumen
LiAlSi$_2$O$_6$

Originalgröße 7 cm

Kristallsystem:	Monoklin.
Form:	Kristalle plattig, prismatisch mit Längsstreifung und Ätzspuren.Säulig, dichte Aggregate.
Härte:	6,5–7.
Dichte:	3,0–3,2.
Spaltbarkeit:	Deutlich bis vollkommen nach dem Prisma spaltbar.
Bruch:	Uneben.
Farbe, Transparenz:	Weiß, grauweiß. Varietäten: grün = Hiddenit, violett = Kunzit; durchsichtig bis durchscheinend, gelegentlich Edelsteinqualität.
Glanz:	Glasglanz.
Erkennungsmerkmale:	Spaltbarkeit, Härte, Ätzspuren.
Vorkommen:	In lithiumhaltigen Granitpegmatiten zusammen mit Turmalin, Beryll und Lepidolith.

Originalgröße 5 cm und 9 cm

Quarz (Gemeiner Quarz, Milchquarz)

SiO_2

Kristallsystem:	Trigonal.
Form:	Gangmineral in dichten Formen. In Spalten und Klüften Ausbildung guter Kristallformen und Kristallaggregate. Sechsseitige, pyramidenähnliche Kristalle (ideale Kristallform: sechsseitiges Prisma mit Pyramiden in doppelendiger Form).
Härte:	7.
Dichte:	2,65.
Spaltbarkeit:	Keine.
Bruch:	Muschelig.
Farbe, Transparenz:	Farblos, weiß, grau mit verschiedenartiger Färbung; durchsichtig bis durchscheinend.
Glanz:	Glasglanz.
Erkennungsmerkmale:	Kristallform, Härte.
Vorkommen:	Quarz ist eines der verbreitetsten Minerale und fast überall anzutreffen. Auch in Hohlräumen von Quarzgängen sind Kristalle zu finden, die gelegentlich jedoch Überzüge anderer Minerale aufweisen (Pyrit, Limonit).
Varietäten:	*Bergkristall* – farblos, durchsichtig, Kristallform.
	Citrin – gelb, durchsichtig, Kristallform.
	Rauchquarz – braun und rauchgrau, durchsichtig, Kristallform.
	Morion – schwarz, durchscheinend bis nahezu undurchsichtig, Kristallform.
	Rosenquarz – rosa, durchsichtig, dichte Form.
	Amethyst – violett, durchsichtig, Kristallform.
	Sagenit – Quarz mit Einschlüssen von Rutil.
	Venushaar – besonders feinnadelige Einschlüsse von Rutil.
	Eisenkiesel – rotbraun oder gelb gefärbt von Eisenoxiden, undurchsichtig, dichte Form.

Bergkristall (Quarzvarietät)   Originalgröße 5 cm
SiO_2

Kristallsystem:	Trigonal.
Form:	Aufgewachsene Kristalle, bestehend aus langgestrecktem, sechsseitigem Prisma mit durch Rhomboeder gebildeter, pyramidenähnlicher Spitze.
Härte:	7.
Dichte:	2,65.
Spaltbarkeit:	Keine.
Bruch:	Muschelig.
Farbe, Transparenz:	Farblos; durchsichtig.
Glanz:	Glasglanz.
Erkennungsmerkmale:	Farblos, durchsichtig; Kristallform, nur aufgewachsene Kristalle, Härte.
Vorkommen:	In Klüften und Drusen magmatischer Gesteine, in kristallinen Schiefern und Erzgängen. Fundorte hauptsächlich in den Zentralalpen, doch auch in anderen Gebieten, in denen Quarz gängig ist und Klüfte und Hohlräume zu finden sind.

72

Phenakit

$Be_2 SiO_4$

Originalgröße des Ausschnitts 3,5 cm

Kristallsystem:	Trigonal.
Form:	Hexagonale, quarzähnliche, kurzsäulige, aufgewachsene Kristalle.
Härte:	7,5–8.
Dichte:	3.
Spaltbarkeit:	Wenig deutlich spaltbar.
Bruch:	Muschelig.
Farbe, Transparenz:	Farblos, weiß, blaßgelb, rosa, braun; durchsichtig bis durchscheinend.
Glanz:	Glasglanz.
Erkennungsmerkmale:	Härte, Kristallform.
Vorkommen:	In Drusen von Granit und Granitpegmatiten, zusammen mit Beryll, Topas und Apatit. Auf Erzlagerstätten.

Topas mit Bergkristall; Originalgröße 6 cm

Topas

$Al_2SiO_4(OH,F)_2$

Kristallsystem:	Rhombisch.
Form:	Meist prismatische Kristalle mit gestreiften Flächen, einfache Formen aus zwei Prismen (Briefkuvertform), flächenreiche Säulen.
Härte:	8.
Dichte:	3,5.
Spaltbarkeit:	Deutlich nach der Basis spaltbar.
Bruch:	Muschelig.
Farbe, Transparenz:	Farblos, gelb, blau, grünlich, selten rosa; durchsichtig bis durchscheinend.
Glanz:	Glasglanz.
Erkennungsmerkmale:	Kristallform, Härte.
Vorkommen:	In Pegmatiten, Kristalle nur in Drusen. Begleitminerale sind Fluorit, Turmalin, Quarz, Feldspat und andere. In Seifen gängig. Fundorte im Erzgebirge und im Fichtelgebirge; in den Alpen nur im Gebiet der Hohen Tauern.

Diamant

C

Kristallsystem:	Kubisch.
Form:	Oktaedrische, würfelige, dodekaedrische Kristalle mit teilweise gewölbten oder gestreiften Flächen.
Härte:	10.
Dichte:	3,5.
Spaltbarkeit:	Vollkommen oktaedrisch spaltbar.
Bruch:	Muschelig.
Farbe, Transparenz:	Farblos durchsichtig, auch gelblich, rot, braun und schwarz.
Glanz:	Diamantglanz, ungeschliffene Diamanten oft Fettglanz.
Erkennungsmerkmale:	Härte, Kristallform.
Vorkommen:	In ultrabasischen Gesteinen eingewachsen, in Kimberliten. In Europa keine Fundstätten.
Bemerkung:	Nur wasserklare, lupenreine Diamanten werden zu Edelsteinen verarbeitet. Der Diamant ist das härteste Mineral und besteht aus reinem Kohlenstoff.

Schwefel
S

Schwefel massig; Originalgröße 5 cm

Kristallsystem:	Rhombisch.
Form:	Pyramidale oder tafelige Kristalle, dichte Formen, Krusten und Überzüge.
Härte:	1,5–2.
Dichte:	2,0.
Spaltbarkeit:	Keine.
Bruch:	Muschelig, uneben.
Farbe, Transparenz:	Gelb bis bräunlich; durchsichtig bis durchscheinend.
Strich:	Blaßgelb.
Glanz:	Harzglanz und Glasglanz.
Erkennungsmerkmale:	Farbe, geringe Härte, niedriger Schmelzpunkt, stechender Geruch beim Brennen.
Vorkommen:	Als Überzüge und Krusten in der Umgebung von Vulkanen, in Sedimenten, besonders in Kalk- und Gipsgesteinen, Begleitmineral von Steinsalz, Calcit und Gips.

Auripigment
As$_2$S$_3$

Originalgröße 6,5 cm

Kristallsystem:	Monoklin.
Form:	Selten Kristalle, klein, tafelig, breitstengelig. Meist blättrige Massen und mehliger Anflug.
Härte:	1,5–2.
Dichte:	3,5.
Spaltbarkeit:	Vollkommen in einer Richtung spaltbar.
Bruch:	Muschelig.
Farbe, Transparenz:	Gelb bis bräunlich; durchscheinend.
Strich:	Hellgelb.
Glanz:	Harzig, auf Spaltflächen Perlglanz.
Erkennungsmerkmale:	Farbe, geringe Härte, Spaltbarkeit.
Vorkommen:	Zusammen mit Realgar und Antimonit in Blei- und Silbererzgängen, und als Ablagerung heißer Quellen.

Sphalerit (Zinkblende)
ZnS

Originalgröße 5,5 cm

Kristallsystem:	Kubisch.
Form:	Kubische Kristallform bei Zwillingsbildung schwer zu erkennen. Tetraedrisch und oktaedrisch, auch körnig, traubig.
Härte:	3,5–4.
Dichte:	4,0.
Spaltbarkeit:	Vollkommen spaltbar.
Bruch:	Muschelig.
Farbe, Transparenz:	Gelb, braun bis schwarz; durchscheinend bis nahezu undurchsichtig.
Strich:	Hellgelb bis braun.
Glanz:	Harzig, bei dichten Formen halbmetallisch.
Erkennungsmerkmale:	Spaltbarkeit, harziger Glanz, Härte.
Vorkommen:	In Erzgängen, häufig mit Bleiglanz vergesellschaftet, in Kalken, gemeinsam mit Magnetkies, Pyrit und Magnetit. Fundorte: Siegerland, Harz, Wiesloch/Baden.

Scheelit
CaWO$_4$

Originalgröße 7 cm

Kristallsystem:	Tetragonal.
Form:	Meist bipyramidale, oktaederähnliche Kristalle, auch derb und körnig.
Härte:	4,5–5.
Dichte:	6.
Spaltbarkeit:	Deutlich spaltbar.
Bruch:	Spröde, muschelig.
Farbe, Transparenz:	Weiß, gelb, grün, rötlich und braun; durchscheinend.
Strich:	Weiß.
Glanz:	Glasglanz.
Erkennungsmerkmale:	Kristallform, hohes spezifisches Gewicht, leuchtet unter ultraviolettem Licht.
Vorkommen:	In Pegmatiten zusammen mit Wolframit, in Umwandlungsgestein (kontaktmetamorph) mit Vesuvian, Epidot und Wollastonit.

Citrin (Quarzvarietät) SiO$_2$

Originalgröße 5 cm und 8 cm

Kristallsystem:	Trigonal.
Form:	Sechsseitige, pyramidenähnliche Kristallendungen, teilweise eingewachsen oder aufgewachsen wie Bergkristall (siehe Quarz).
Härte:	7.
Dichte:	2,65.
Spaltbarkeit:	Keine.
Bruch:	Muschelig.
Farbe, Transparenz:	Zitronengelb bis bräunlichgelb, Färbung durch Spuren von FeOOH; durchsichtig.
Strich:	Weiß.
Glanz:	Glasglanz.
Erkennungsmerkmale:	Gelbe Farbe, Durchsichtigkeit.
Vorkommen:	Siehe Quarz; selten.

Beryll
$Be_3Al_2Si_6O_{18}$

Smaragd; Originalgröße 4,5 cm

Kristallsystem:	Hexagonal.
Form:	Meist prismatische Kristalle mit Längsstreifung. Eingewachsene Kristalle, gelegentlich derb.
Härte:	7,5–8.
Dichte:	2,7.
Spaltbarkeit:	Undeutlich spaltbar.
Bruch:	Uneben.
Farbe, Transparenz:	Gelb und sehr verschieden gefärbt (siehe Varietäten); durchsichtig bis durchscheinend.
Strich:	Weiß.
Glanz:	Glasglanz.
Erkennungsmerkmale:	Härte.
Vorkommen:	In Granitpegmatiten, oft in Quarz oder Feldspat eingewachsen. Fundorte im Bayerischen Wald und in den Hohen Tauern.
Varietäten:	*Smaragd* – grün, durchsichtig.
	Aquamarin – blau, durchsichtig.
	Heliodor – gelb, durchsichtig.
	Morganit – rosa, durchsichtig.

Wulfenit; Originalgröße 5,5 cm

Calcit, Baryt, Dolomit, Apatit, Titanit, Disthen
und Feldspat sind ebenfalls nicht metallisch
glänzende Mineralien, die in gelben Farbtönen vorkommen.

Wulfenit

$PbMoO_4$

Kristallsystem:	Tetragonal.
Form:	Tafelige Kristalle, kurzprismatisch, quadratische Flächen mit abgeschrägten Kanten, derb, körnig.
Härte:	3.
Dichte:	6,7.
Spaltbarkeit:	Deutlich prismatisch spaltbar.
Bruch:	Nahezu muschelig.
Farbe, Transparenz:	Orangefarben, gelb, grünlich, braun, rötlich; durchscheinend.
Strich:	Weiß.
Glanz:	Diamantglanz, Fettglanz.
Erkennungsmerkmale:	Meist orangegelbe Farbe, tafelige, quadratische Form.
Vorkommen:	Wulfenit bildet sich in der Oxidationszone von Blei und Molybdän führenden Lagerstätten. Sekundäres Mineral. Gemeinsam mit Anglesit, Cerussit, Siderit, Galenit und Pyromorphit.

Stolzit

$PbWo_4$

Kristallsystem:	Tetragonal.
Form:	Spitzpyramidale, kurzsäulige Kristalle, garbenförmige Aggregate, körnig.
Härte:	3.
Dichte:	8.
Spaltbarkeit:	Undeutlich spaltbar.
Bruch:	Muschelig.
Farbe, Transparenz:	Orange, gelb, rot, braun, grün; durchscheinend.
Strich:	Weiß.
Glanz:	Diamantglanz, Fettglanz.
Erkennungsmerkmale:	Kristallform, hohes spezifisches Gewicht (Dichte).
Vorkommen:	Auf Zinnlagerstätten; Begleitminerale sind Cassiterit, Scheelit, Wolframit, Quarz und andere.

Realgar (Rauschrot)
AsS

Originalgröße 4 cm

Kristallsystem:	Monoklin.
Form:	Kurzsäulige, prismatische Kristalle, dicht, körnig, auch als Überzug anderer Minerale.
Härte:	1,5–2.
Dichte:	3,5.
Spaltbarkeit:	Deutlich spaltbar, zerfällt unter Lichteinwirkung.
Bruch:	Muschelig.
Farbe, Transparenz:	Rot, orange; durchscheinend.
Strich:	Orange.
Glanz:	Starker Glanz (Diamantglanz) auf frischen Flächen, sonst Fettglanz.
Erkennungsmerkmale:	Farbe, geringe Härte, Lichtunbeständigkeit.
Vorkommen:	In Kalken und Dolomitgestein, auf Erzgängen, an Vulkanen und heißen Quellen. Gemeinsames Vorkommen mit Auripigment.

Cinnabarit (Zinnober)   Originalgröße 5,5 cm
HgS

Kristallsystem:	Trigonal.
Form:	Tafelige, prismatische, formenreiche Kristalle, klein, selten; oft körnig, derb, erdig.
Härte:	2–2,5.
Dichte:	8.
Spaltbarkeit:	Deutlich in Rhomboeder oder Prismen spaltbar.
Bruch:	Uneben bis splittrig.
Farbe, Transparenz:	Rot, schwarzrot bis schwarz; durchscheinend.
Strich:	Scharlachrot.
Glanz:	Diamantglanz bis metallisch, matt.
Erkennungsmerkmale:	Farbe, Strichfarbe, hohes spezifisches Gewicht (Dichte), Einlagerung von Quecksilber.
Vorkommen:	In sedimentären Gesteinen, in der Nähe von Vulkanen und heißen Quellen. Zinnober ist das wichtigste Quecksilbermineral.

Proustit (lichtes Rotgültigerz)

Ag_3AsS_3 Proustit; Originalgröße des Ausschnitts 4,5 cm

Kristallsystem:	Trigonal.
Form:	Prismatische Kristalle, auch derbe Massen.
Härte:	2–2,5.
Dichte:	5,5–5,6.
Spaltbarkeit:	Deutlich in Rhomboeder spaltbar.
Bruch:	Uneben.
Farbe, Transparenz:	Scharlachrot, dunkelt unter Lichteinwirkung nach; durchscheinend.
Strich:	Scharlach- bis zinnoberrot.
Glanz:	Diamantglanz.
Erkennungsmerkmale:	Farbe, Strichfarbe.
Vorkommen:	Siehe Pyrargyrit.

Pyrargyrit (dunkles Rotgültigerz)

Ag_3SbS_3

Kristallsystem:	Trigonal.
Form:	Prismatische Kristalle, auch derb, körnig.
Härte:	2,5.
Dichte:	5,8.
Spaltbarkeit:	Deutlich in Rhomboeder spaltbar.
Bruch:	Uneben.
Farbe, Transparenz:	Dunkelrot bis schwarz; durchscheinend bis undurchsichtig.
Strich:	Purpurrot.
Glanz:	Diamantglanz bis metallisch.
Erkennungsmerkmale:	Farbe, Strichfarbe.
Vorkommen:	Rotgültigerze kommen gemeinsam auf Silber- und Bleierzgängen vor. Begleitminerale sind Bleiglanz, Silber, Argentit, Pyrit, Baryt, Fluorit und Quarz.

Krokoit (Rotbleierz)

$PbCrO_4$

Kristallsystem:	Monoklin.
Form:	Stengelige, prismatische Kristalle, auch derb, körnig oder als Anflüge.
Härte:	2,5–3.
Dichte:	6.
Spaltbarkeit:	Deutlich in Prismen spaltbar.
Bruch:	Uneben.
Farbe, Transparenz:	Rot, rotorange, rotbraun; durchscheinend.
Strich:	Orangegelb.
Glanz:	Glasglanz bis Diamantglanz, Fettglanz.
Erkennungsmerkmale:	Farbe, hohes spezifisches Gewicht, niedriger Schmelzpunkt.
Vorkommen:	Krokoit ist ein seltenes Mineral sekundärer Entstehung in der Oxidationszone von Bleilagerstätten.

Abbildung nächste Seite

Krokoit, Originalgröße des Ausschnitts 4 cm

Rhodochrosit (Manganspat, Himbeerspat)   Originalgröße 4,5 cm
$MnCO_3$

Kristallsystem:	Trigonal.
Form:	Kristalle selten, klein, rhomboedrisch mit gekrümmten Flächen. Meist derb und spätig.
Härte:	4.
Dichte:	3,5.
Spaltbarkeit:	Vollkommen in Rhomboeder spaltbar.
Bruch:	Uneben.
Farbe, Transparenz:	Rosa, rosenfarbig, hellbraun; durchscheinend.
Strich:	Weiß.
Glanz:	Glasglanz.
Erkennungsmerkmale:	Farbe, Spaltbarkeit, gegenüber Calcit größere Härte, geringere Härte als Rhodonit.
Vorkommen:	Auf Erzgängen von Silber, Blei und Kupfer, in sedimentären Lagerstätten. In Siegerländer Spateisengängen.

Cuprit (Rotkupfererz)   Originalgröße 4,5 cm
Cu_2O

Kristallsystem:	Kubisch.
Form:	Kristalle als Oktaeder und Würfel, derb, körnig, nadelig, erdig.
Härte:	3,5–4.
Dichte:	6.
Spaltbarkeit:	Undeutlich spaltbar.
Bruch:	Uneben.
Farbe, Transparenz:	Rot, rotbraun, fast schwarz; durchscheinend.
Strich:	Braunrot.
Glanz:	Diamantglanz auf Kristallflächen, derbe Proben metallisch, matt.
Erkennungsmerkmale:	Farbe, Strichfarbe, von den ähnlichen Mineralen Cinnabarit und Hämatit durch geringere bzw. größere Härte zu unterscheiden.
Vorkommen:	Sekundäres Mineral in der Oxidationszone von Kupferlagerstätten. Begleitminerale sind Malachit, Azurit, Limonit und Chalkosin.

Rhodonit
MnSiO$_3$

Originalgröße 8 cm

Kristallsystem:	Triklin.
Form:	Kristalle selten, prismatisch, dicktafelig. Meist derbe Massen, körnig oder grobspätig.
Härte:	5,5–6,5.
Dichte:	3,5.
Spaltbarkeit:	Gut bis vollkommen spaltbar.
Bruch:	Muschelig, uneben.
Farbe, Transparenz:	Rosarot bis braun, mit schwarzfleckigen Stellen; durchscheinend.
Strich:	Weiß.
Glanz:	Glasglanz, auf Spaltflächen Perlglanz.
Erkennungsmerkmale:	Farbe, schwarze Stellen, Härte, Spaltbarkeit.
Vorkommen:	Auf Manganerzlagerstätten, gelegentlich in manganhaltigen Sedimenten. Fundorte in Westfalen und im Harz.

Rutil
TiO$_2$

Rutil auf Periklin; Originalgröße 6 cm

Kristallsystem:	Tetragonal.
Form:	Prismatische, doppelseitig von Pyramiden begrenzte Kristalle. Nadelige Formen, in Quarz eingewachsen. Knieförmige Zwillingsbildung, Längsstreifung.
Härte:	6–6,5.
Dichte:	4,2.
Spaltbarkeit:	Deutlich prismatisch spaltbar.
Bruch:	Uneben.
Farbe, Transparenz:	Rotbraun, gelbrot, schwarz (je dunkler desto höher der Eisengehalt); durchscheinend.
Strich:	Gelbbraun.
Glanz:	Diamantglanz, bei dunklen Farbtönen metallisch.
Erkennungsmerkmale:	Farbe, Glanz, Kristallform.
Vorkommen:	Rutil ist Nebenbestandteil von Eruptivgesteinen, kristallinen Schiefern, Umwandlungsgesteinen. In dünnen Nadeln in Quarz eingewachsen (Rutilquarz, Venushaar). Sekundäre Bildung bei Zersetzung von Titanmineralen. Mineralgemeinschaft in alpinen Klüften mit Quarz, Adular, Albit, Chlorit, Calcit, Siderit u. a. In Pegmatiten im Spessart zu finden.

Rosenquarz (Quarzvarietät)

Originalgröße 6 cm

SiO_2

Kristallsystem:	Trigonal.
Form:	Sehr selten Kristallbildung, derb,massig.
Härte:	7.
Dichte:	2,65.
Spaltbarkeit:	Keine.
Bruch:	Muschelig.
Farbe, Transparenz:	Rosafarben; durchsichtig. Stärker rot einge-färbter Quarz, der durchscheinend bis un-durchsichtig ist, wird als Eisenkiesel be-zeichnet.
Strich:	Weiß.
Glanz:	Glasglanz.
Erkennungsmerkmale:	Farbe, geringere Härte als Beryll und Topas.
Vorkommen:	Siehe Quarz.

Almandin; Originalgröße 5,5 cm

Granat-Gruppe

(Bezeichnungen und chemische Formeln siehe unten)

Kristallsystem: Kubisch.

Form: Mehrflächige bis nahezu rund erscheinende Kristalle im kubischen System, meist Rhombendodekaeder und Ikositetraeder.

Härte: 6–7,5.

Dichte: 3,6–4,3.

Spaltbarkeit: Keine.

Bruch: Uneben, muschelig.

Farbe, Transparenz: Verschiedenfarbig, jedoch nie blau; durchsichtig bis durchscheinend.

Glanz: Glasglanz bis Harzglanz.

Erkennungsmerkmale: Kristallform, Härte.

Varietäten: *Pyrop* ($Mg_3Al_2Si_3O_{12}$) – rot bis dunkelrot; in Eruptivgesteinen, Serpentiniten und Kimberlit.

Almandin ($Fe_3Al_2Si_3O_{12}$) – rotbraun bis schwarz; in Schiefern und Gneisen (Abbildung).

Spessartin ($Mn_3Al_2Si_3O_{12}$) – gelblich bis rotbraun; in Umwandlungsgesteinen und Graniten.

Grossular ($Ca_3Al_2Si_3O_{12}$) – farblos, hellgrün oder rosa; in Umwandlungsgesteinen und Kalken.

Andradit ($Ca_3Fe_2Si_3O_{12}$) – braun, *Demantoid* gelbgrün, *Melanit* schwarz; in Klüften kristalliner Schiefer und umgewandelten Kalken.

Uwarovit ($Ca_3Cr_2Si_3O_{12}$) – smaragdgrün, tiefgrün; in chromhaltigen Serpentiniten. Uwarovit ist der seltenste Granat.

Weitere Minerale mit rötlichen Farbvarietäten sind Sphalerit, Calcit, Zeolithe und Feldspäte.

Amethyst (Quarzvarietät)
SiO$_2$

Originalgröße 4 cm und 6 cm

Kristallsystem:	Trigonal.
Form:	Teils eingewachsene Kristalle, von denen oft nur die pyramidenähnlichen Enden zu erkennen sind. Kristalline Aggregate.
Härte:	7.
Dichte:	2,65.
Spaltbarkeit:	Keine.
Bruch:	Muschelig.
Farbe, Transparenz:	Violett; durchsichtig.
Strich:	Weiß.
Glanz:	Glasglanz.
Erkennungsmerkmale:	Violette Farbe, Kristallform, Härte.
Vorkommen:	In Mandeln (Geoden) von Ergußgesteinen, auch gemeinsam mit Achat. Bekannte Fundorte bei Idar-Oberstein.

Violette Farbvarietäten gibt es auch von Fluorit, Granat und Apatit.

Azurit (Kupferlasur)
$Cu_3[OH/CO_3]_2$

Azurit mit Malachit; Originalgröße 3,5 cm

Kristallsystem:	Monoklin.
Form:	Dicktafelige oder kurzprismatische Kristalle, strahlige Aggregate, dicht, erdig, als Anflüge.
Härte:	3,5.
Dichte:	3,8.
Spaltbarkeit:	Gut prismatisch spaltbar.
Bruch:	Muschelig, uneben.
Farbe, Transparenz:	Azurblau bis schwärzlichblau; durchscheinend.
Strich:	Hellblau.
Glanz:	Glasglanz, auch matt.
Erkennungsmerkmale:	Blaue Farbe, in Salzsäure löslich.
Vorkommen:	In der Oxidationszone von Kupferlagerstätten als sekundäres Mineral. Begleitminerale sind Malachit, Limonit, Cuprit und Chalkopyrit.

Coelestin
SrSO$_4$

Coelestin auf Schwefel; Originalgröße 13 cm

Kristallsystem:	Rhombisch.
Form:	Tafelige, prismatische Kristalle, teilweise baryt- oder quarzähnliche Formen. Auch stengelige Aggregate, dicht, körnig.
Härte:	3–3,5.
Dichte:	4.
Spaltbarkeit:	Vollkommen spaltbar.
Bruch:	Uneben.
Farbe, Transparenz:	Farblos bis hellblau, auch rötlich; selten grünlich; durchsichtig bis durchscheinend.
Strich:	Weiß.
Glanz:	Glasglanz.
Erkennungsmerkmale:	Kristallform, Härte, im Unterschied zu Calcit keine Reaktion mit verdünnter Salzsäure, färbt Flamme rot.
Vorkommen:	In Klüften und Hohlräumen von Sedimentgesteinen, vor allem in Kalk und Dolomit; als Gangmineral in Erzgängen; Konkretionen in Tonen und Mergeln.

Cyanit–Disthen
Al$_2$SiO$_5$

Originalgröße 3,5 cm und 5 cm

Kristallsystem:	Triklin.
Form:	Breitstengelige, flachtafelige Kristalle, blättrige, strahlige Massen.
Härte:	In Längsrichtung 4–5,5, quer 6–7.
Dichte:	3,3.
Spaltbarkeit:	Ausgezeichnet in zwei Richtungen spaltbar.
Farbe, Transparenz:	Farblos, weiß, blau, grau, grün, gelblich. Die einzelnen Kristalle sind oft unregelmäßig gefärbt; durchsichtig bis durchscheinend.
Strich:	Weiß.
Erkennungsmerkmale:	Breitstengelige Form, zweierlei Härte, Spaltbarkeit.
Vorkommen:	In kristallinen Schiefern, hauptsächlich in Gneisen und Glimmerschiefern. In Pegmatiten und Quarzgängen. Geringe Vorkommen im Spessart und im Bayerischen Wald.

Sodalith
Na$_8$[Cl$_2$/(AlSiO$_4$)$_6$]

Originalgröße 3,5 cm

Kristallsystem:	Kubisch.
Form:	Selten in Kristallform, meist derb, körnig.
Härte:	5–6.
Dichte:	2,3.
Spaltbarkeit:	Undeutlich spaltbar.
Bruch:	Muschelig.
Farbe, Transparenz:	Oft blau, auch farblos, weiß, grau oder grünlich; durchsichtig bis durchscheinend.
Strich:	Weiß.
Glanz:	Glasglanz.
Erkennungsmerkmale:	Meist blaue Farbe, gelegentlich Fluoreszenz in UV-Licht.
Vorkommen:	Als Gemengteil in Eruptivgesteinen, in kieselsäurearmen Ganggesteinen und Laven. Fundorte in der Eifel, am Laacher See.

Spinell
MgAl₂O₄

Originalgröße der Kristalle 0,2 – 0,4 cm

Kristallsystem:	Kubisch.
Form:	Oktaederkristalle, Zwillingsbildung.
Härte:	8.
Dichte:	3,5–3,7.
Spaltbarkeit:	Keine, Teilbar.
Bruch:	Muschelig.
Farbe, Transparenz:	Sehr verschieden, blau, rot, grün, braun oder schwarz; durchsichtig bis undurchsichtig.
Strich:	Weiß.
Glanz:	Glasglanz.
Erkennungsmerkmale:	Kristallform, Härte. Spinell ist der Sammelbegriff für eine Gruppe von Aluminium- und Eisen-Chromit-Mineralien.
Vorkommen:	In kontaktmetamorphen Gesteinen wie Kalken und Dolomiten, auch in tonerdehaltigen Umwandlungsgesteinen und als Anreicherung in Seifen.

Calcit, Fluorit, Steinsalz, Baryt, Blauquarz (selten), Lazulith, Vesuvian und Turmalin kommen ebenfalls in blauen Farbtönen vor.

Pyromorphit (Buntbleierz)

$Pb_5(PO_4)_3Cl$

Originalgröße 5 cm

Kristallsystem:	Hexagonal.
Form:	Kristalle prismatisch, tafelig, tonnenförmig. Auch derb, faserig und in Form von Überzügen.
Härte:	3,4–4.
Dichte:	6,5–7.
Spaltbarkeit:	Undeutlich spaltbar.
Bruch:	Uneben, muschelig.
Farbe, Transparenz:	Grün, gelb, braun; durchscheinend.
Strich:	Weiß.
Glanz:	Diamantglanz bis Fettglanz.
Erkennungsmerkmale:	Glanz, Härte, Kristallform. Pyromorphit und Mimetesit sind ohne chemische Untersuchung nur schwer voneinander zu unterscheiden.
Vorkommen:	In der Oxidationszone von Bleilagerstätten. Begleitminerale sind Bleiglanz, Anglesit, Cerussit, Baryt und Quarz. Bekannte Fundorte im Harz, im Siegerland und an der Lahn.

Mimetesit

$Pb_5(AsO_4)_3Cl$

Originalgröße 7 cm

Kristallsystem:	Hexagonal.
Form:	Hexagonale Prismen, halbkugelige Formen.
Härte:	3,5–4.
Dichte:	7,1.
Spaltbarkeit:	Gut spaltbar.
Bruch:	Uneben, muschelig.
Farbe, Transparenz:	Grün, gelb und braun; durchscheinend.
Strich:	Weiß.
Glanz:	Diamantglanz bis Fettglanz.
Erkennungsmerkmale und Vorkommen:	Siehe Pyromorphit.

Malachit, teilweise angeschliffenes Exemplar; Originalgröße 8 cm

Malachit

$Cu_2CO_3(OH)_2$

Kristallsystem:	Monoklin.
Form:	Sehr selten Kristalle, meist traubige, nierige Massen, gebändert, radialstrahlig. Auch Anflüge und Überzüge.
Härte:	3,5–4.
Dichte:	4.
Spaltbarkeit:	Deutlich spaltbar.
Bruch:	Muschelig.
Farbe, Transparenz:	Hell- bis dunkelgrün, streifig abgesetzt; durchscheinend bis undurchsichtig.
Strich:	Hellgrün.
Glanz:	Glasglanz, Seidenglanz, matt.
Erkennungsmerkmale:	Farbe, Form, ist in verdünnter Salzsäure löslich.
Vorkommen:	Sekundäres Mineral in der Oxidationszone von Kupferlagerstätten, oft zusammen mit Azurit. Cuprit, Limonit, Cerrusit und Calcit. sind weitere Begleitminerale. Bekannte Fundorte im Siegerland, Schwarzwald und Harz.

Zoisit

$Ca_2Al_3Si_3O_{12}(OH)$

Kristallsystem:	Rhombisch.
Form:	Prismatische Kristalle, derbe, stengelige Aggregate.
Härte:	6.
Dichte:	3,4.
Spaltbarkeit:	Vollkommen in einer Richtung spaltbar.
Bruch:	Uneben.
Farbe, Transparenz:	Grau, grünlich, braun; durchsichtig bis undurchsichtig.
Strich:	Weiß.
Glanz:	Glasglanz.
Erkennungsmerkmale und Vorkommen:	Siehe Epidot.

Epidot
$Ca_2(Al,Fe)_3Si_3O_{12}(OH)$

Originalgröße 4,5 cm

Kristallsystem:	Monoklin.
Form:	Prismatische Kristalle mit Längenausdehnung und Längsstreifung, auch derb.
Härte:	6–7.
Dichte:	3,4.
Spaltbarkeit:	Vollkommen in einer Richtung spaltbar.
Bruch:	Uneben.
Farbe, Transparenz:	Gelbgrün bis nahezu schwarz; durchsichtig bis undurchsichtig.
Strich:	Weiß bis grau.
Glanz:	Glasglanz.
Erkennungsmerkmale:	Farbe, Härte, Spaltbarkeit, Erscheinungsform.
Vorkommen:	In Schiefern, Gneisen, Umwandlungsgestein. In kontaktmetamorphen Kalken, zusammen mit Grossular (Granatvarietät) und Vesuvian. Fundorte in den Alpen und an der Bergstraße/Odenwald.

Olivin

(Mg,Fe)$_2$SiO$_4$

Originalgröße 3 cm

Kristallsystem:	Rhombisch.
Form:	Selten Kristalle als sechsseitige Säulen oder rhombische Tafeln, meist körnige Aggregate.
Härte:	6,5–7.
Dichte:	3–4.
Spaltbarkeit:	Undeutlich spaltbar.
Bruch:	Muschelig.
Farbe, Transparenz:	Olivgrün, gelblich bis dunkelbraun; durchsichtig bis durchscheinend.
Strich:	Weiß.
Glanz:	Glasglanz.
Erkennungsmerkmale:	Farbe, körnige, glänzende Substanz, Härte. Wird durch Wasseraufnahme in Serpentin umgewandelt.
Vorkommen:	In kieselsäurearmen Erzgußgesteinen (beispielsweise Basalt). Gesteinsbildend und als Einschlüsse. Häufig Bestandteil von Steinmeteoriten, Fundorte in der Eifel und am Kaiserstuhl/Baden.

Chrysoberyll

Al_2BeO_4 Chrysoberyll auf Muskovit und Feldspat; Originalgröße 10 cm

Kristallsystem:	Rhombisch.
Form:	Pseudohexagonale (sechsseitige) Zwillings- und Drillingskristalle, tafelig, auch Bruchstücke eingewachsener Kristalle, körnig.
Härte:	8,5.
Dichte:	3,7.
Spaltbarkeit:	Deutlich bis undeutlich prismatisch spaltbar.
Bruch:	Muschelig.
Farbe, Transparenz:	Grün bis gelb, Alexandrit bei Kunstlicht rot; durchscheinend, als Edelstein durchsichtig.
Strich:	Weiß.
Glanz:	Glasglanz.
Erkennungsmerkmale:	Härte, Farbe, bei Alexandrit Farbabweichung im Kunstlicht.
Vorkommen:	In Graniten und Glimmerschiefern, besonders in Pegmatitstufen, Seifen und Sanden. Weitere Minerale von deutlicher Grünfärbung sind unter anderem Granat, Beryll (Smaragd), Apatit und Fluorit. Grüne Quarzvarietäten (beispielsweise Aventurin), Chrysopras und Plasma sind nur massig zu finden.

Siderit (Eisenspat)

FeCO₃

Spaltstücke; Originalgröße 5 und 7 cm

Kristallsystem:	Trigonal.
Form:	Rhomboedrische Kristalle mit zum Teil gekrümmten Flächen, Spaltstücke, spätig, körnig.
Härte:	3,5–4.
Dichte:	3,8.
Spaltbarkeit:	Vollkommen in Rhomboeder spaltbar.
Bruch:	Uneben.
Farbe, Transparenz:	Grau, braun bis schwarz; durchscheinend bis undurchsichtig.
Strich:	Weiß bis braun.
Glanz:	Glasglanz, bei dunklen Stufen fast metallisch.
Erkennungsmerkmale:	Härte, rhomboedrische Form, Spaltbarkeit, höheres spezifisches Gewicht als Calcit und Dolomit, mit denen er als Karbonat leicht zu verwechseln ist. Nicht so leicht in kalter, verdünnter Salzsäure löslich wie Calcit.
Vorkommen:	In Tonen, Schiefern und selbständigen Gängen. Aufgrund verbreiteter Vorkommen wichtiges Eisenerz. Fundorte im Siegerland, Lahn-Dill-Gebiet.

Titanit
CaTiSiO$_5$

Kristallsystem:	Monoklin.
Form:	Flachstengelige, keilförmige Kristalle, auch dicht, körnig.
Härte:	5–5,5.
Dichte:	3,5.
Spaltbarkeit:	Undeutlich bis deutlich prismatisch spaltbar.
Bruch:	Muschelig, spröde.
Farbe, Transparenz:	Braun, grünlichgelb, schwarz; durchsichtig bis undurchsichtig.
Strich:	Weiß.
Glanz:	Diamantglanz.
Erkennungsmerkmale:	Flachstengelige, keilförmige Kristallform, Härte, Glanz.
Vorkommen:	In Pegmatiten von Eruptivgesteinen, in Schiefern und Gneisen sowie in metamorphen Kalken. Fundorte in der Eifel.

Anatas
TiO$_2$

Kristallsystem:	Tetragonal.
Form:	Bipyramidale und tafelige Kristalle.
Härte:	5,5–6.
Dichte:	3,8–4.
Spaltbarkeit:	Vollkommen spaltbar.
Bruch:	Muschelig.
Farbe, Transparenz:	Gelb, braun, blau und schwarz; durchscheinend bis undurchsichtig.
Strich:	Weiß.
Glanz:	Diamantglanz bis Metallglanz.
Erkennungsmerkmale:	Spaltbarkeit, Härte.
Vorkommen:	Zusammen mit anderen Titanmineralen.

Vesuvian
$Ca_{10}(Mg,Fe)_2Al_4Si_9O_{34}(OH,F)_4$

Originalgröße des Ausschnitts 5 cm

Kristallsystem:	Tetragonal
Form:	Prismatische, längsgestreifte Kristalle, teils mit Pyramidenendung, auch derb, körnig.
Härte:	6,5.
Dichte:	3,4.
Spaltbarkeit:	Undeutlich spaltbar.
Bruch:	Uneben.
Farbe, Transparenz:	Braun bis nahezu schwarz, grün und gelb, selten blaue Kristalle; durchscheinend.
Strich:	Weiß.
Glanz:	Glasglanz, Fettglanz.
Erkennungsmerkmale:	Prismatische Kristalle mit Längsstreifung, Härte, gemeinsames Vorkommen mit Epidot, von dem er oft schwer zu unterscheiden ist. In kontaktmetamorphen Kalken zusammen mit Epidot, Wollastonit, Grossular und Calcit.
Vorkommen:	Fundorte unter anderem im Fassatal/Südtirol.

Zirkon
ZrSiO$_4$

Originalgröße des Ausschnitts 4 cm

Kristallsystem:	Tetragonal.
Form:	Prismatische Kristalle mit beiderseitiger Pyramidenendung, Zwillingsbildung.
Härte:	7,5.
Dichte:	4,5.
Spaltbarkeit:	Undeutlich spaltbar.
Bruch:	Muschelig, spröde.
Farbe, Transparenz:	Braun, rötlich, grau, gelb, grün, auch farblos; durchsichtig bis durchscheinend.
Glanz:	Glasglanz bis Diamantglanz.
Erkennungsmerkmale:	Meist quadratischer Querschnitt der Prismen, Härte, spezifisches Gewicht.
Vorkommen:	Nebenbestandteil von Granit und Syenit, auch in Gneisen und anderem Umwandlungsgestein. Schöne Kristalle meist in Pegmatitstufen. Seltene Funde am Laacher See / Eifel.

Staurolith
$Al_4[Fe(OH)_2O_2(SiO_4)_2]$

Zwilling, Originalgröße 2,5 cm

Kristallsystem:	Rhombisch.
Form:	Prismatische Kristalle, häufig als kreuzförmige Zwillingsbildung.
Härte:	7–7,5.
Dichte:	3,7.
Spaltbarkeit:	Deutlich in einer Richtung spaltbar.
Bruch:	Uneben bis muschelig.
Farbe, Transparenz:	Rotbraun bis schwarz; durchscheinend bis undurchsichtig.
Glanz:	Glasglanz, meist etwas matt.
Erkennungsmerkmale:	Zwillingsbildung, Kristallform, braune Farbe.
Vorkommen:	In kristallinen Schiefern zusammen mit Disthen. Fundstätten bei Aschaffenburg und in den Alpen.

Rauchquarz (Quarzvarietät)

Originalgröße 4 cm

SiO_2

Kristallsystem:	Trigonal.
Form:	Gleicht in der Form dem Bergkristall.
Härte:	7.
Dichte:	2,65.
Spaltbarkeit:	Keine.
Bruch:	Muschelig.
Farbe, Transparenz:	Rauchgrau bis schwarz (Morion), durch Strahlung gefärbt; durchsichtig bis durchscheinend.
Glanz:	Glasglanz.
Erkennungsmerkmale:	Kristallform, Farbe.
Vorkommen:	In den Alpen.

Ferner kommen in braunen Farben die Mineralien Cerussit, Pyromorphit, Mimetesit, Orthoklas, Rutil, Olivin, Granat und Pyrolusit vor.

Magnesit
MgCO₃

Originalgröße 3,5 cm

Kristallsystem:	Trigonal.
Form:	Selten Kristalle in rhomboedrischer, prismatischer Form, gewöhnlich spätige, körnige und dichte Massen.
Härte:	3,5–4,5.
Dichte:	3.
Spaltbarkeit:	Vollkommen rhomboedrisch spaltbar.
Bruch:	Muschelig.
Farbe, Transparenz:	Farblos, grau, gelblich, braun bis nahezu schwarz (je nach Eisengehalt); durchsichtig, durchscheinend bis undurchsichtig.
Strich:	Weiß.
Glanz:	Glasglanz.
Erkennungsmerkmale:	Ähnlich Calcit, Salzsäuretest mit weniger deutlichem Ergebnis. Mischreihe mit Siderit.
Vorkommen:	In Verdrängungslagerstätten.

Chalcedon
SiO$_2$

Chalcedon und Achat roh und geschliffen

Kristallsystem:	Mikro- bis kryptokristallin.
Form:	Traubig, Einschlüsse, Krusten, Knollen, Konkretionen.
Härte:	6–7.
Dichte:	2,5–2,6.
Spaltbarkeit:	Keine.
Bruch:	Muschelig.
Farbe, Transparenz:	Graublau und verschiedene Farben; durchscheinend bis undurchsichtig.
Strich:	Weiß.
Glanz:	Glasglanz.
Erkennungsmerkmale:	Dichte Massen, Härte, Mandelfüllungen.
Vorkommen:	In Hohlräumen und Klüften von Basaltgestein.
Varietäten:	*Karneol* – braun, *Sarder* – braun, *Chrysopras* – grün, *Heliotrop* – grün mit roten Flekken, *Jaspis* – rot, *Achat* – in Lagen verschieden gefärbt, *Onyx* – hell-dunkel in Streifen gefärbt.
Bemerkung:	Die Varietäten werden zu Schmucksteinen verschliffen.

Limonit, Originalgröße 4,5 cm

Limonit (Brauner Glaskopf)

FeOOH

Kristallsystem:	Rhombisch.
Form:	Kryptokristallin, in stalaktitischen Massen, als Überzüge, erdig.
Härte:	5–5,5, in der Verwitterungszone auch weicher.
Dichte:	3,6.
Spaltbarkeit:	Keine.
Bruch:	Muschelig.
Farbe, Transparenz:	Grau, gelbbraun, schwarz, gelegentlich bunt anlaufend; undurchsichtig.
Strich:	Rostfarben bis gelb.
Glanz:	Glasartig, Seidenglanz, fettig, matt.
Erkennungsmerkmale:	Stalaktitische Formen.
Vorkommen:	Als Verwitterungsprodukt auf allen Eisenerzlagerstätten und Umwandlung von Pyrit.

Cerussit

$PbCO_3$

Kristallsystem:	Rhombisch.
Form:	Prismatische oder tafelige Kristalle, Zwillingsbildung verbreitet. Auch in körniger, stengeliger Ausbildung und in dichter Form.
Härte:	3–3,5.
Dichte:	6,5.
Spaltbarkeit:	Deutlich spaltbar.
Bruch:	Muschelig.
Farbe, Transparenz:	Weiß, grau, mitunter dunkel; durchscheinend bis nahezu durchsichtig.
Glanz:	Diamantglanz, auf Spaltflächen Glasglanz.
Erkennungsmerkmale:	Starker Glanz und hohes Gewicht. Reagiert im Gegensatz zu Anglesit ($PbSO_4$) auf Säure. Sonst im Glanz und Gewicht dem Anglesit ähnlich.
Vorkommen:	Sekundär gebildetes Mineral, kommt gemeinsam mit Bleiglanz, Pyromorphit, Anglesit und anderen Mineralien auf Bleilagerstätten vor.

Korund
Al_2O_3

Korund in Feldspat; Originalgröße 15 cm

Kristallsystem:	Trigonal.
Form:	Tonnen- oder spindelförmige Kristalle, auch derb, körnig.
Härte:	9.
Dichte:	4.
Spaltbarkeit:	Keine. Vermeintliche Spaltbarkeit ist Teilbarkeit.
Bruch:	Uneben bis muschelig.
Farbe, Transparenz:	Grau, und verschiedene farbige Varietäten, die – soweit sie durchsichtig sind – als Edelsteine geschätzt werden; durchscheinend bis durchsichtig.
Strich:	Weiß.
Glanz:	Glasglanz.
Erkennungsmerkmale:	Härte (nach Diamant zweithärtestes Mineral), Form.
Vorkommen:	In Pegmatiten und metamorphem Gestein.
Edelsteinvarietäten:	*Saphir* – blau, *Rubin* – rot.

Hornblende

Basaltische Hornblende; Originalgröße 8 cm

$(Ca,Na)_{2-3}(Mg,Fe,Al)_5(Si,Al)_8O_{22}(OH)_2$

Kristallsystem:	Monoklin.
Form:	Meist prismatische Kristalle, doch auch derb, körnig, faserig.
Härte:	5–6.
Dichte:	3,2.
Spaltbarkeit:	Gut in Prismen spaltbar.
Bruch:	Uneben.
Farbe, Transparenz:	Grünschwarz bis schwarz; durchscheinend bis undurchsichtig.
Strich:	Grau bis braun.
Glanz:	Glasglanz.
Erkennungsmerkmale:	Härte, Kristallform.
Vorkommen:	Verbreitet in Eruptiv- und Umwandlungsgesteinen.

Turmalin

Originalgröße 3,5 cm und 4,5 cm

$Na(Mg,Fe,Li,Al,Mn)_3Al_6(BO_3)_3Si_6O_8(OH,F)_4$

Kristallsystem:	Trigonal.
Form:	Prismatische, langgestreckte Kristalle, stengelig, in Längsrichtung gestreift.
Härte:	7–7,5.
Dichte:	3,0–3,2.
Spaltbarkeit:	Schlecht spaltbar, gelegentliche Ablösung.
Bruch:	Uneben.
Farbe, Transparenz:	Schwarz (Schörl), farblos (Achroit), rosa (Rubellit), blau (Indigolith), grün (Verdelith), auch verschiedene Farben an einem Kristall; durchsichtig bis undurchsichtig (Schörl).
Glanz:	Glasglanz.
Erkennungsmerkmale:	Kristallform, verschiedenartige Färbung, Längsstreifung. Unterscheidet sich von Epidot in der Härte.
Vorkommen:	Verbreitet ist nur der schwarze Turmalin (Schörl) in Granitpegmatiten. Fundorte im Spessart, im Fichtelgebirge und in den Alpen. Weitere Mineralien, die in schwarzen Farbvarietäten vorkommen, sind Glimmer (Biotit), Zinkblende, Siderit, Magnesit, Granat und Morion (Rauchquarz).

Gesteine

Als Gestein bezeichnet man das Material der festen Erdkruste, dessen Bestandteile die gesteinsbildenden Mineralien sind. Somit bezieht sich die Definition ausschließlich auf das Gefüge.

Es lohnt sich, zumindest in groben Umrissen auf die Gesteinsarten und ihre Entstehung einzugehen, da mögliche Mineralvorkommen hiervon abgeleitet werden können.

Die unter den Ozeanen an einigen Stellen nur 5 km, im Bereich der Kontinente bis zu 50 km starke Erdkruste umschließt das glühende, zähflüssige Magma des Erdmantels, in das der schwere, vermutlich aus Nickeleisen bestehende Erdkern eingebettet ist. Gemessen am Erddurchmesser ist diese äußere Schale so dünn, daß sie Bewegungsabläufen unterworfen ist, gelegentlich von der glühenden Gesteinsschmelze durchbrochen wird und Kontinentalverschiebungen aufweist, in deren Folge mächtige Gebirgsketten aufgefaltet wurden.

Neben diesen Vorgängen sind auch atmosphärische Einflüsse an der Veränderung der Oberflächengestalt der Erde beteiligt.

Entsprechend ihrer Entstehung werden die Gesteinsarten in drei Hauptgruppen eingeteilt:

● Eruptivgestein,
● Sedimentgestein,
● metamorphe Gesteine (Umwandlungsgesteine).

Nach der Art ihrer Entstehung weisen die Gesteine außerdem deutliche Erkennungsmerkmale auf:

Eruptivgestein

Beim Begriff Eruptivgestein denkt man zunächst an Vulkanausbrüche. Diese Deutung trifft jedoch nur für das Ergußgestein zu, bei dem der Erkaltungsprozeß an der Erdoberfläche stattfindet.

Wenn das Magma sich in den unteren Schichten der Erdkruste ausbreitet und dort erkaltet, spricht man von Tiefengestein. Durch die Auffaltung der Gebirge gelangten diese verfestigten Gesteinsmassen an die Erdoberfläche. Die unterschiedlichen physikalischen Bedingungen beim Erkalten führten zu verschiedenartiger Struktur. Ergußgestein ist in der Regel von dichtem Gefüge, wenn auch gelegentlich von Blasenräumen durchsetzt, während das Tiefengestein, unter hohem Druck gebildet, am körnigen Gefüge aus hellen und dunklen Mineralien zu erkennen ist. Mineralanhäufungen können in beiden Gesteinsarten auftreten. Beim Ergußgestein füllen sie Blasenräume in Form gerundeter Geoden aus (Achat, Quarz, Zeolith, Calcit), während sie beim Tiefengestein in den Randgebieten, den sogenannten Pegmatitstufen, zu finden sind.

Folgende Eruptivgesteine sind in diesem Buch beschrieben:

Tiefengestein (Plutonite): Granit, Syenit, Diorit und Gabbro.
Ergußgestein (Vulkanite): Basalt, Melaphyr, Obsidian und Rhyolith.

Sedimentgestein

Sedimente sind Ablagerungen, die sowohl organischen als auch anorganischen Ursprungs sein können. Bei der Gesteinsbildung sind außerdem chemische Vorgänge von Bedeutung. Wasser, Wind und wechselnde Lufttemperaturen lassen festes Gestein verwittern. Die Zerfallsprodukte werden beispielsweise durch die Flüsse weggeschwemmt und an deren Mündungen, in Seen oder im Meer abgelagert. Durch Bindemittel und Lagerdruck werden diese Sedimente dort wieder zu Gestein.

Organische Ablagerungen pflanzlichen oder tierischen Ursprungs werden zu Kohle oder Kalkstein. Besonders die aus Kalk bestehenden Schalen von Meerestieren verfestigen sich lagenförmig zu Gesteinsmassen von erheblichen Ausmaßen. Eine andere Art von Sedimentgestein wird durch im Wasser gelöste Stoffe gebildet, die sich beispielsweise bei der Verdunstung verfestigen. So entstehen unter anderem die ausgedehnten Salzlagerstätten. Bei diesem Vorgang spricht man von chemischen Sedimenten.

Folgende Sedimentgesteine sind in diesem Buch beschrieben:

Sandstein, sedimentärer Kalkstein, Konglomerat und Brekzie.

Metamorphes Gestein (Umwandlungsgestein)

Von besonderer Entstehungsart sind die metamorphen Gesteine, da sie sowohl aus Sedimenten als auch aus Eruptivgestein gebildet werden. Innerhalb der Erdkruste entstehen, wie schon erwähnt, seitliche Verschiebungen. Die Gesteinsmassen werden dabei gegeneinander verschoben und deformiert. Starke Drücke und hohe Temperaturen wirken auf das Gestein ein. Wenn es in die Nähe von glutflüssigem Magma gelangt, erfolgt eine Rekristallisation. Quarz-Sandstein wird zu Quarzit »aufbereitet«, Granit zu schichtigem Gneis, Kalkstein zu Marmor, um nur einige Arten zu nennen.

Zu erwähnen ist in diesem Zusammenhang die Kontaktmetamorphose, durch die verschiedene Minerale, wie Epidot, Wollastonit und Granat neu gebildet werden. Sobald granitische Gesteinsschmelze in Kontakt mit anderen Gesteinen gelangt, wird das angrenzende Gestein soweit erhitzt, daß eine kristalline Umwandlung stattfindet. Dabei werden Stoffe freigesetzt, die zur Bildung neuer Minerale führen. Somit ist der Bereich der Kontaktmetamorphose im Grenzgebiet zwischen Tiefengestein, das dort meist pegmatitische Struktur aufweist, und Umwandlungsgestein, wie Marmor zu lokalisieren.

Folgende metamorphen Gesteine (Umwandlungsgesteine) sind in diesem Buch beschrieben:

Gneis, Quarzit, Phyllit und Marmor.

Granit

Eruptivgestein, Tiefengestein.

Merkmale:	Grob- bis feinkörnig, sehr hart, hoher Quarzanteil.
Mineralbestand:	Quarz, Alkalifeldspat, Plagioklase, Muskovit, Biotit, Amphibol, Augit.
Nebenbestandteile:	Apatit, Zirkon, Topas, Turmalin, Beryll, Titanit, Rutil, Magnetit, Hämatit, Pyrit, Fluorit, Granat.
Farbe:	Im Zusammenwirken mit Weiß folgende Farbtönungen: grau, dunkelgrau, rötlich, grünlich, gelblich, bläulich oder schwarz, in Hell-Dunkel-Sruktur.
Bemerkungen:	In den Pegmatiten sind schöne Mineralstufen zu finden, ebenso in Klüften und Spalten.

Syenit

Eruptivgestein, Tiefengestein.

Merkmale:	Grob- bis feinkörnig, sehr hart, geringer Quarzanteil.
Mineralbestand:	Alkalifeldspäte, Plagioklase, Biotit, Amphibol, Augit.
Nebenbestandteile:	Apatit, Zirkon, Titanit, Magnetit, Olivin, Granat.
Farbe:	Grau, dunkelgrau oder rötlich.

Diorit

Eruptivgestein, Tiefengestein.

Merkmale:	Mittel- bis feinkörnig, sehr hart.
Mineralbestand:	Amphibol, Pyroxen, Biotit, Quarz, Plagioklase.
Nebenbestandteile:	Apatit, Titanit, Zirkon, Rutil, Magnetit, Pyrrhotin, Pyrit.
Farbe:	Schwarzweiß, graugrün, regelmäßig strukturiert.

Gabbro

Eruptivgestein, Tiefengestein.

Merkmale:	Grob- bis feinkörnig, fest, zäh.
Mineralbestand:	Plagioklase, Pyroxen, Amphibol, Biotit, gelegentlich Olivin.
Nebenbestandteile:	Quarz, Apatit, Spinell, Korund, Magnetit, Titanit, Pyrrhotin, Chromit, Pyrit, Rutil, Granat.
Farbe:	Grauschwarz, weißgrau, bräunlich, grünlich, rötlich, gefleckt.

Basalt

Eruptivgestein, Ergußgestein.

Merkmale:	Feinkörnig bis sehr dicht, sehr hart, fest, zäh.
Mineralbestand:	Plagioklase, Nephelin, Leucit, Augit, Amphibol, Olivin.
Nebenbestandteile:	Magnetit, Ilmenit, Biotit, Apatit, Haüyn, Zeolithe, Aragonit, Calcit.
Farbe:	Schwarz, dunkelgrau oder grünlich.
Bemerkungen:	Im Bruchstück meist so dicht, einzelne Minerale ohne optische Hilfsmittel nicht zu unterscheiden.

Melaphyr (Mandelsteinbasalt)

Eruptivgestein, Ergußgestein.

Merkmale:	Fein- bis grobkörnig, Hohlräume sind oft mit Mineralien ausgefüllt, auch lockere, blasenreiche Ausbildung, unverwittert hart und zäh.
Mineralbestand:	Siehe Basalt.
Nebenbestandteile:	Chlorit, Magnetit, Ilmenit, Achat, Quarz, Calcit, Zeolithe.
Farbe:	Dunkelgrau, bräunlich, rötlich oder grünlich.
Bemerkungen:	In den Blasenräumen, sind Mineralanhäufungen von Achat, Quarz, Amethyst, Calcit und Zeolithen zu finden.

Obsidian

Eruptivgestein, Ergußgestein.

Merkmale: Glasig ohne erkennbare Körnung, feinkristallin, durch rasche Abkühlung entstanden.

Mineralbestand: Gesteinsglas.

Nebenbestandteile: In kleinsten Mengen Quarz oder Feldspat.

Farbe: Schwarz, dunkelgrau, braun, grünlich; glänzende Flächen bei muscheligem Bruch.

Bemerkungen: Obsidian findet auch als Schmuckstein Verwendung, wenn helle Einsprenglinge enthalten sind (Schneeflocken-Obsidian).

Rhyolith

Eruptivgestein, Ergußgestein.

Merkmale: Feinkörnig bis extrem feinkörnig, blasenreich, lagenförmige Ausbildung.

Mineralbestand: Wie bei Granit, jedoch nur kleinste Kristalle.

Nebenbestandteile: Phänokristalle von Quarz, Feldspat, Hornblende und Biotit.

Farbe: Meist helle Färbung, weiß, grau, grünlich, rötlich oder bräunlich.

Bemerkungen: Bimsstein ist eine besonders blasenreiche und sehr leichte Form des Rhyolith.

Sandstein

Merkmale:	Fein- bis mittelkörnig.
Mineralbestand:	Hauptsächlich Quarzkörner.
Nebenbestandteile:	Feldspat, Glimmer, Calcit, Limonit, auch Olivin, Rutil, Magnetit und andere.
Farbe:	Sehr verschieden, grau, gelb, rötlich braun oder grünlich.
Bemerkungen:	Kommt meist zusammen mit anderen Sedimenten vor.

Sedimentärer Kalkstein

Sedimentgestein

Merkmale:	Geschichtet, körnig bis dicht.
Mineralbestand:	Hauptsächlich Calcit.
Nebenbestandteile:	Je nach Beschaffenheit können Fossilien eingeschlossen sein.
Farbe:	Weiß, grau, gelblich, rötlich oder bräunlich.
Bemerkungen:	Sedimentärer Kalk ist aus Meeresablagerungen gebildet. Zu den sedimentären Kalken sind unter anderem Mergel, Kreide, Travertin, Kalktuff und Dolomit zu rechnen.

Konglomerat

Sedimentgestein

Merkmale: Aus gerundeten Körnern, größer als 2 mm, bestehendes Gefüge von sehr unterschiedlichem Aussehen.

Mineralbestand: Sehr verschieden, beispielsweise Quarz, Calcit und Kieselschiefer.

Nebenbestandteile: Verschieden.

Farbe: Verschieden.

Bemerkungen: Konglomerate sind durch Bindemittel (Calcit, Kieselsäure oder Tonminerale) verfestigte Gerölle.

Brekzie

Sedimentgestein

Merkmale: Grobkörnig, enthält scharfkantige Gesteinsbruchstücke (Unterschied zum Konglomerat), Körnung größer als 2 mm.

Mineralbestand: Verschieden.

Farbe: Verschieden.

Bemerkungen: Brekzien sind durch Bindemittel (Calcit, Kieselsäure oder Tonminerale) verfestigter Hangschutt.

Gneis

Metamorphes Gestein (Umwandlungsgestein)

Merkmale:	Mittel- bis feinkörnig, gleichmäßig schiefrig geschichtet.
Mineralbestand:	Quarz, Orthoklas, Plagioklas, Muskovit, Biotit, Amphibol, Pyroxen.
Nebenbestandteile:	Apatit, Zirkon, Rutil, Granat, Pyrit und andere.
Farbe:	Abwechselnd helle und dunkle Lagen in grauen, rosa oder braunen Farbtönen.

Quarzit

Metamorphes Gestein (Umwandlungsgestein)

Merkmale:	Mittelkörnig.
Mineralbestand:	Im wesentlichen Quarzkörner.
Nebenbestandteile:	Feldspat und Glimmer, auch lagenweise angereichert.
Farbe:	Weiß, grau oder rötlich.
Bemerkungen:	Quarzite sind meist aus der Umwandlung von Quarz-Sandsteinen entstanden.

Phyllit

Metamorphes Gestein (Umwandlungsgestein)

Merkmale:	Feinkörnig schiefrig.
Mineralbestand:	Quarz, Chlorit, Muskovit.
Nebenbestandteile:	Rutil, Albit, Turmalin, Magnetit.
Farbe:	Graugrün, grünlich bis dunkelgrau, oft mit silbrigem Schimmer.
Bemerkungen:	Die blättrige Ausbildung ermöglicht ein müheloses Aufspalten.

Marmor

Metamorphes Gestein (Umwandlungsgestein)

Merkmale:	Klein- bis grobkörnig, massig.
Mineralbestand:	Hauptsächlich Calcit und untergeordnet Dolomit.
Nebenbestandteile:	Grossular, Epidot, Wollastonit.
Farbe:	Verschiedene Farben, auch mehrfarbig.
Bemerkungen:	Marmor ist umgewandelter sedimentärer Kalk.

Begriffserklärung

Aggregat: Gefüge kristalliner und körniger Formen ein und derselben Mineralart.

amorph: Nichtkristalline Form von Mineralen, feste oder plastisch verformbare Massen ohne gesetzmäßige äußere Begrenzung.

Anflüge: Dünnste Überzüge auf fremden Mineralen oder Gesteinen.

Basis: Grundlinie oder Grundfläche.

bipyramidal: Beide Enden eines Kristalles sind als Pyramiden ausgebildet.

Dendriten: Dünne, in Schichten verästelte Formen eines Minerals, durch Eindringen von Lösungen in Poren und kleinste Fugenräume anderer Minerale und Gesteine gebildet. So entstehen moosartige Zeichnungen, die oft wie versteinerte Pflanzen aussehen.

Dodekaeder: Von 12 Flächen begrenzter Kristallkörper.

Drusen: Kristallauskleidung unregelmäßig begrenzter Gesteinshohlräume.

Geoden: Teilweise oder vollständig mit Mineralen ausgefüllte Blasenräume von Eruptivgesteinen.

hydrothermal: Durch heiße, wässrige Lösungen entstanden.

Ikositetraeder: Von 24 viereckigen Flächen begrenzter Kristallkörper, wird auch Leucitoeder genannt, da Leucit überwiegend in dieser Form kristallisiert.

Konkretion: Unregelmäßig geformte, in Gestein eingeschlossene Mineralmasse, wie Feuersteinknolle in Kreideformationen.

kryptokristallin: Aggregate kleinster, mit dem bloßen Auge nicht erkennbarer Kristalle.

metasomatisch: Durch Metasomatose gebildete Minerale.

Metasomatose: Chemische Veränderung von Mineralsubstanzen durch Lösungen oder Dämpfe anderer Stoffe. Bei diesem Vorgang wird beispielsweise Calcit ($CaCO_3$) in Siderit ($FeCO_3$) umgewandelt. Es entstehen so ausgedehnte Verdrängungslagerstätten.

Modifikation: Bei gleicher chemischer Zusammensetzung in verschiedenen Kristallsystemen auftretende Formen eines Minerals. Nicht gleichzusetzen mit Varietät, bei der neben gleicher chemischer Beschaffenheit auch das Kristallsystem unverändert ist.

Oktaeder: Von 8 Flächen begrenzter Kristallkörper im kubischen System, Doppelpyramide mit quadratischem Querschnitt.

Paragenese: Mineralgesellschaft, bezeichnet das gemeinsame Vorkommen bestimmter Mineralarten.

Pegmatit: Sehr grobkörniges, aus gasreichen Restschmelzen gebildetes Tiefengestein – Granitpegmatit und andere.

Pneumatolyse: Beim Erstarren von Gesteinsschmelzen wirken heiße (350–500°C), abgespaltene, flüchtige Bestandteile auf Nebengestein oder bereits erstarrte Teile der Schmelze ein und führen zu Neu- oder Umbildung von Mineralen.

radialstrahlig: Bezeichnung einer Aggregatform, bei der die Kristalle von einem gemeinsamen Mittelpunkt auseinanderstrebend angeordnet sind.

Rhombendodekaeder: Von 12 als Rhomben ausgebildeten Flächen begrenzter Kristallkörper des kubischen Systems; wird, da er häufig bei Granat anzutreffen ist, auch Granatoeder genannt.

Rhomboeder: Sechsflächiger, aus Rechtecken und Parallelogrammen bestehender Körper, bei dem die jeweiligen Seitenpaare ungleich lang sind und die gegenüberliegenden Flächenpaare sich gleichen.

sekundär gebildet: Nicht unmittelbar aus der Gesteinsschmelze, sondern durch Einwirken von Lösungen oder als Zersetzungsprodukt entstanden.

stalaktitisch: Tropfsteinähnliche Formen.

Varietät: Abart eines Minerals, bei gleicher chemischer Zusammensetzung und im gleichen Kristallsystem auftretend, verschieden in Farbe oder Form.

Zwillinge: Symmetrische Verwachsung zweier Kristallindividuen zu einer Einheit in der Form, die gelegentlich ein höheres Kristallsystem vortäuscht (2 x trigonal = hexagonal aussehend). Diese Verwachsungen können sich als Drillinge und Viellinge wiederholen.

Register

(Mineralien und Gesteine mit in Klammern angegebenen Seitenzahlen sind nur kurz erwähnt, aber nicht abgebildet.)